Yvonne Steiner **Der Appenzeller Sennenhund**

Yvonne Steiner

Der Appenzeller Sennenhund

Appenzeller Verlag

1. Auflage, 2000
2. Auflage, 2002
3. überarbeitete Auflage, 2007

Gestaltung: Josef Scheuber, Appenzeller Verlag, Herisau
Satz und Druck: Appenzeller Medienhaus AG, 9101 Herisau
Bindung: Buchbinderei Schumacher AG, 3185 Schmitten
ISBN: 978-3-85882-236-9

www.appenzellerverlag.ch

Inhalt

Verwendung

Der Bläss in Bild und Wort

Zu diesem Buch

Der reinrassige Appenzeller Sennenhund besitzt eine ganze Reihe wertvoller Eigenschaften: Er ist schön, robust, ausdauernd, flink, aufmerksam, gelehrig, neugierig, treu und anhänglich. Wurde er in der Vergangenheit vor allem als Hof- und Treibhund eingesetzt, ist er heute als Familien-, Sport- und Freizeithund beliebt.

Doch das Image des Appenzeller Sennenhunds ist schlecht. Und zwar deshalb, weil er meistens als Appenzeller Bläss dem unerzogenen Hofhund-Mischling gleichgesetzt wird, jenem Bastard, der nicht nur im Appenzellerland die Wanderfreuden trübt.

Hunde mit ausgeprägter weisser Gesichtsmittellinie werden vom Vorarlbergischen bis ins Freiburgische «Bläss» oder ähnlich genannt. Nicht jeder Hund mit Blässe ist allerdings ein reinrassiger Appenzeller Sennenhund. Auch die anderen schweizerischen Sennenhunde – der Berner, der grosse Schweizer und der Entlebucher Sennenhund – zeichnen sich, neben einer Vielzahl von Mischlingen durch eine Blässe aus.

In meinem Buch unterscheide ich zwischen dem Bläss – und meine damit die Hofhund-Mischlinge – und dem reinrassigen Appenzeller Sennenhund. Damit soll grundsätzlich nichts gegen Mischlinge gesagt sein. Ich weiss, dass es auch unter diesen liebenswerte und intelligente Hunde gibt. Die Rassezucht des Appenzeller Sennenhunds ging zu Beginn des 20. Jahrhunderts aus diesem Reservoir an Hof- und Treibhunden im Appenzellerland hervor. Diese Rassezucht ermöglicht es bis heute, eine der sieben Schweizer Hunderassen als wichtiges Kulturgut unseres Landes am Leben zu erhalten. Sie ist umso bedeutsamer, weil die Rasse des Appenzeller Sennenhunds bedroht ist. Die Basis ist seit Beginn der Rassezucht schmal. Gründe, weshalb diese Rasse nicht aussterben soll, gibt es viele. Sie darzulegen, ist ein Ziel dieses Buches. Und wenn mein Buch darüber hinaus dazu beiträgt, das Image des reinrassigen Appenzeller Sennenhunds in der Öffentlichkeit zu verbessern, so bin ich dafür ebenso dankbar wie all die engagierten Züchterinnen und Züchter eines durch und durch liebenswerten Tiers.

Beim Zusammenstellen des wissenschaftlichen Materials

für dieses Buch habe ich mich vor allem auf die kynologischen Werke von Dr. Hans Räber und Prof. Dr. Albert Heim, auf die Dissertation von Dr. med. vet. Max Mäder und die wissenschaftlichen Arbeiten zur Appenzeller Geschichte von Dr. Stefan Sonderegger, Heiden, und Dr. Matthias Weishaupt, Kantonsbibliothekar, Trogen, gestützt. Bei den Teilen Zucht, Haltung und Verwendung haben mir Unterlagen des Schweizerischen Clubs für Appenzeller Sennenhunde wertvolle Dienste geleistet.

Ich danke allen, die in irgendeiner Form zum Entstehen dieses Buches beigetragen haben. Ein ganz spezieller Dank geht an: Tim Basler, Blindenführhunde-Ausbildner beim Verein für Blindenhunde und Mobilitätshilfen, Magden; Dr. Hermann Bischofberger, Landesarchivar, Appenzell; Renate Carigiet, Grenchen; Ines Döös, Sempach; Sabina Dörig-Herzig, Appenzell; Susanne Gysel, Weissbad; Herbert Honegger, Dietikon; Hans Hürlemann, Urnäsch; Sandra Klein, Rüeggisberg; Meinrad Koch, Gonten; Ernst Leu, Bubikon; Rosmarie Lutz, Gaissau; Doris Meier-Fritsche, Kollbrunn; Dr. med. vet. Hermann Neff, Gais; Dr. Marc Nussbaumer, Naturhistorisches Museum Bern; Emerita Flütsch, Castagnola; Franziska Seitz, Hedingen; Marianne Sutter, Appenzell; Ruedi Wäfler, Frutigen; Sandra Weber, Urnäsch; Dr. Peter Witschi, Staatsarchivar, Herisau; allen Mitarbeitenden im Appenzeller Medienhaus.

Aus Anlass der 3. Auflage des Buches «Der Appenzeller Sennenhund» habe ich den ganzen Text überprüft und inhaltlich ergänzt. Dabei unterstützte mich die langjährige Zuchtwartin Ines Döös, Sempach, mit ihrem grossen Fachwissen über den Appenzeller Sennenhund. Dafür danke ich ihr an dieser Stelle herzlich.

Schwellbrunn, Januar 2007 *Yvonne Steiner*

Enzian v. Bärgfrüehlig

Nächste Doppelseite: Fressen und spielen dominieren den Tagesablauf der Welpen

Wie der Appenzeller zu seinem Hund kam

Zur Urgeschichte des Hundes

Die Geschichte des Appenzeller Sennenhunds als Rassehund ist knapp hundert Jahre alt. Die Geschichte der Hunde im Appenzellerland ist allerdings so alt wie dessen Besiedlung. Die Geschichte des Hundes im Allgemeinen ist jedoch viel älter: Seit Menschengedenken leben Mensch und Hund zusammen. Wie aber kamen Mensch und Hund zusammen, und warum entstand eine solch intensive Vertrautheit zwischen den ungleichen Lebewesen, wie sie der Schriftsteller und Hundeliebhaber Alfred Polgar (1873–1955) schildert: «Unter allen Vierfüsslern ist der Hund derjenige, mit dem wir uns am besten verständigen. Diese Beziehung zum Hunde gründet sich nicht allein darauf, dass er uns gefällt. Es kommt noch etwas hinzu: eine kuriose Hunde-Eigenart, der das gute Verhältnis zwischen ihm und uns zu danken ist: Von allen Tieren nämlich scheint der Hund dasjenige, das den Menschen am ehesten erträgt. Schwer zu unterscheiden, ob das für oder gegen den Hund spricht.»

Die Wissenschaft geht davon aus, dass der Hund schon vor der Sesshaftigkeit der Menschen deren Begleiter gewesen war. Überall auf der Welt gab es bereits in prähistorischer Zeit wolfartige Tiere, die den Menschen folgten, als diese als Nomaden durch das Land streiften. Wölfe, Kojoten und Schakale, die sich den Menschen näherten, lebten von den Abfällen der Jagdbeuten. Die Entwicklungsgeschichte vom wilden Wolf, Kojoten oder Schakal zum handzahmen Hund kann nur vermutet werden. Zeugnisse fehlen. Es ist aber anzunehmen, dass Menschen diese Wildtiere gejagt haben zur Fleisch- und Pelzgewinnung und weil sie ihre Jagdkonkurrenten waren. Vielleicht haben die Menschen junge Wölfe, Kojoten oder Schakale zu sich genommen, um alte Tiere anzulocken und zu töten. Jungtiere, vor allem Wölfe, lernten schnell, sich in das Rudel der Menschen einzufügen. Es wird vermutet, dass ihre Gelehrigkeit die Menschen von ihrer Nützlichkeit als Jagdhelfer, Wächter und Restenverwerter überzeugte.

Die Wissenschaft hat einen hohen Verwandtschaftsgrad von Hund und Wolf nachgewiesen. Kojoten und Schakale gelten ihr nicht als direkte Vorfahren unserer Haushunde. Dennoch kann eine Domestizierung von Schakalen im Nahen

Osten und von Kojoten in Nordamerika nicht ausgeschlossen werden.

Als die Menschen sesshaft wurden, entstand eine Lebensgemeinschaft zwischen Menschen und Hunden. Die Menschen begannen die Hunde zu füttern. Der älteste Hund, den man bisher entdeckt hat, ist ein spitzähnliches Tier, dessen Knochen in den Resten einer mittelsteinzeitlichen Siedlung an der Ostsee gefunden wurden. Das Alter dieses sogenannten Torfhunds wird auf zirka 10 000 Jahre geschätzt. Die älteste von Menschen geschaffene Darstellung eines Hunds stammt

---

Die molossische Dogge

Wird die molossische Dogge gereizt und öffnet sie leise
Knurrend die hängenden Lefzen und bleckt die gewaltigen Zähne,
Klingt ihr verhaltener Zorn weit anders, als wenn sie nun endlich
Lautes Gebell aufschlägt, dass es schallt und die Ohren uns gellen.
Wenn er dann eifrig die Jungen beleckt mit zärtlicher Zunge
Oder im Spiel mit den Tatzen sie rollt und mit Bissen sie anfällt,
Sie mit Verschlingen bedrohend, in des in der Tat er nur Scherz treibt,
Tönt sein schmeichelnd Geknurr ganz anders, als wenn er zu Hause
Hinter verschlossener Tür aufheult und als wenn er den Schlägen
Jämmerlich winselnd entflieht, indem er am Boden sich fortdrückt.

Lucrez (97–55 v. Chr.),
aus dem philosophischen Lehrgedicht «Von der Natur der Dinge»

---

aus dem 8. oder 7. Jahrtausend vor Christus und wurde in Catal Hüyük, Anatolien, entdeckt. Sie zeigt einen Hund, der einem mit Pfeil und Bogen bewaffneten Menschen bei der Hirschjagd hilft. Aus der Jungsteinzeit gibt es Felszeichnungen, die deutlich machen, dass der Hund zu dieser Zeit schon gezähmt war.

Als älteste Hunderassen sind um 2000 vor Christus der Mastiff bei den Sumerern und der mesopotamische Molosser bekannt. In den folgenden Kulturepochen veränderte sich das Aussehen der Hunde stark. Die alten Ägypter züchteten neben spitzartigen und dackelbeinigen Hunden elegante Windhunde und hängeohrige Bracken. Die Assyrer besassen riesige Doggen. Zur Zeit der Griechen und Römer gab es Schäfer-, Hirten-, Hof-, Wach- und Jagdhunde und zum ersten Mal in der Geschichte winzige Schosshunde.

Die ersten Funde von Haushunden auf dem Gebiet der heutigen Schweiz stammen aus Pfahlbauten im Mittelland, am

Zeichnung aus der Monographie des Hundes von Theodor Göss, erschienen 1834 in Gotha, Deutschland

Boden- und Thunersee sowie im Rhonetal (3000 bis 2000 vor Christus). Es waren Hunde einer mittelgrossen, feingliedrigen Rasse, deren Zahl recht gross geschätzt wird. Die gefundenen und heute in der Albert-Heim-Stiftung im Naturhistorischen Museum Bern gesammelten Schädel zeigen nur geringe Grössenunterschiede. Über das Aussehen dieser prähistorischen Hunde ist nichts bekannt. In der Jungsteinzeit diente der Hund dem Menschen auch als Nahrung. Viele der gefundenen Schädel zeigen Spuren von Gewalteinwirkung: Die Hundeschädel wurden aufgebrochen, um ihnen das Gehirn zu entnehmen. Seit der Eisenzeit, als der Mensch die Siedlungsräume an den Seeufern und in den Moorgebieten verlassen hat, finden sich sozusagen keine Spuren des Haushunds mehr.

Die ersten schriftlichen Zeugnisse über die Bewohner der Schweiz stammen von Julius Cäsar, der die hier ansässigen Stämme der Kelten unter dem Namen Helvetier zusammenfasste. Der römische Schriftsteller Arrian hat zwar die Jagdhunde im Gebiet der Schweiz beschrieben. Über die Bauernhunde, denen die ursprünglichen Appenzeller Hunde zuzurechnen sind, gibt es keine schriftlichen oder bildlichen Zeugnisse.

Dem Menschen treu

Der Hund ist recht warm und hat in seiner Natur und seinen Gewohnheiten etwas vom Menschen, liebt ihn, hält sich gern bei ihm auf und ist ihm treu. Der Teufel hasst den Hund und schreckt vor ihm zurück wegen der Treue, die er zum Menschen empfindet. Der Hund erkennt Feindseligkeit, Zorn und Unredlichkeit am Menschen und knurrt oft deswegen. Und wenn er weiss, dass in einem Haus Feindseligkeit oder Zorn herrscht, knirscht er mit den Zähnen und murrt.

Hildegard von Bingen (1098–1179)

Die Alemannen, die um 450 ins schweizerische Mittelland einfielen und sich dort niederliessen, brachten Hunde mit, die sich mit den einheimischen vermischten. Sie teilten die Hunde nach Gebrauchszwecken ein und unterschieden Hüte-, Jagd-, Wach- und Masthunde. In Klöstern und auf Ritterburgen wurden bereits gezielt Jagdhunde gezüchtet. Der Bauernhund blieb das Reservoir aus dem immer wieder, je nach Bedarf, verschiedene Nutzhunde herausgezüchtet wurden. Für die Zeit von 1097 bis 1377 erwähnt Johann Kaspar Zellweger in seiner 1830 erschienenen «Geschichte des Appenzellischen Volkes» Leithunde, Treibhunde, Spürhunde, Biberhunde, Windhunde und Wachtelhunde zur Jagd, Hirtenhunde gegen die Wölfe und eine besondere Art Hunde, die den Hof bewachten.

Der Treibhund als Ahne des Appenzeller Sennenhunds

Das Gebiet am Alpstein eignet sich aus topografischen und klimatischen Gründen seit jeher schlecht für den Getreideanbau und die landwirtschaftliche Selbstversorgung seiner Bewohner. Bereits im 11. Jahrhundert ist in diesem Gebiet die Alpwirtschaft belegt: In einem Alpbuch wird Appenzell 1071 zum ersten Mal urkundlich erwähnt. In Verzeichnissen des ehemaligen Klosters St. Gallen aus dem 13. und 14. Jahrhundert und den Rechnungsbüchern des Heiliggeist-Spitals in St.Gallen aus dem 15. Jahrhundert, in welchen die Abgaben der zinspflichtigen Bauern festgehalten sind, sind für das Land Appenzell hauptsächlich Zinsgüter aus der Viehhaltung wie Käse und Butter verzeichnet. Daraus lässt sich schliessen, dass die Spezialisierung des Landes Appenzell auf Viehwirtschaft Ende des 15. Jahrhunderts weit verbreitet war. Die bis heute überwiegende Graswirtschaft und intensive Nutzung der Alpen geht damit auf das Hochmittelalter zurück. Die Stadt in der Nähe war Abnehmerin von Fleisch, Käse, Butter und Mist als Düngemittel und förderte dadurch die Viehwirtschaft in den höher gelegenen Gebieten. Die Appenzeller Bauern ihrerseits konnten ihren Bedarf an wichtigen Grundnahrungsmitteln wie Getreide auf den Märkten der Stadt decken, anstatt sie selber zu produzieren.

Im Nachlass des 1863 verstorbenen Sennen Johannes Widmer von Hundwil, wohnhaft gewesen in der Langelen, Herisau, wird nach 22 Stük Vieh (Kühe), 3 Stük Jungvieh, 5 Ziegen, 6 Stük Schweine worunter 2 tragende Mutterschweine, 1 Treibhund erwähnt

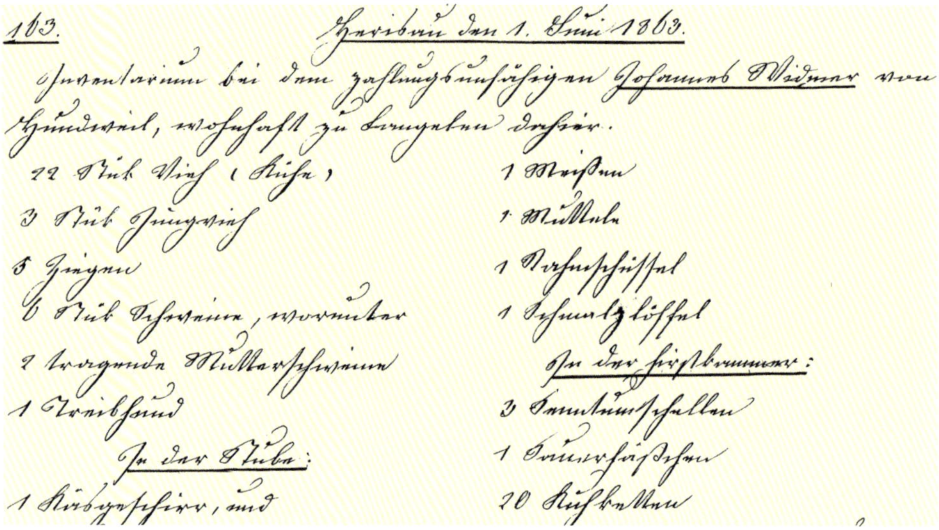
163. Herisau den 1. Juni 1863.

Inventarium bei dem zahlungsunfähigen Johannes Widmer von Hundwil, wohnhaft zu Langelen daselbst.

22 Stük Vieh (Kühe)
3 Stük Jungvieh
5 Ziegen
6 Stük Schweine, worunter
2 tragende Mutterschweine
1 Treibhund

In der Stube:

1 Küchengeschirr, und

1 Schmalzlöffel

In der Hinterkammer:

3 Senntumschellen
1 Sennenkästchen
20 Kuhbollen

Auch heute leistet der Bläss noch wertvolle Dienste im Umgang mit dem Vieh

Im Laufe des 17. bis 19. Jahrhunderts hat sich Ausserrhoden zu einem der höchst industrialisierten Gebiete Europas entwickelt. Über St.Gallen war die Leinen- und später die Baumwollstoffherstellung nach Ausserrhoden gekommen. Bald wurde in vielen Haushaltungen mehr gewoben, als in der Landwirtschaft gearbeitet. Dieser Rückgang der Landwirtschaft förderte die Intensivierung der Viehhaltung in Form der Sennenwirtschaft. Sie entwickelte sich vor allem in Teilen des Appenzeller Hinter- und Mittellands sowie in Innerrhoden, da es dort hoch gelegene Sommerweiden gibt. Die Bauern produzierten auf ihren Talliegenschaften Heu und hielten selbst kein Vieh oder nur so viel, wie sie für den eigenen Haushalt benötigten. Die Sennen waren meist Besitzer grosser Viehherden und Alpen. Zur Überwinterung kamen sie mit ihren Herden ins Tal. Da sie dort keine Liegenschaften mit genügend Futter für den Winter besassen, stellten sie ihre Viehherden in den Ställen sogenannter Heubauern ein. Oft wohnten sie auch bei ihnen und bezahlten für Unterkunft und Essen. War das Futter aufgebraucht, zogen sie zum nächsten Heubauern. Das konnte sich fünf- bis achtmal während eines Winters wiederholen. Dieses System beruhte auf einer klaren Arbeitsteilung: Die Heubauern stellten den Sennen Kuhstall, Schweinestall,

Die sprichwörtlichen roten Hunde sind bis heute im Appenzellerland und darüber hinaus anzutreffen

Küche, Keller, ein Schlafgemach, Streue, Brennmaterial, Frühlings- und Herbstweiden zur Verfügung und produzierten das Heu. Die Sennen entschädigten sie in Form von Geld oder Naturalien und überliessen ihnen den Mist ihrer Tiere als Dünger.

Anfangs des 19. Jahrhunderts zählte man 200 Sennen mit 20 und mehr Kühen; etwa 40 von ihnen stammten aus Urnäsch und Gais. Die reichsten Sennen besassen bis 60 Kühe und 20 bis 30 Jungtiere. Aus dieser und späterer Zeit stammen die Bilder der Bauernmaler, die im Auftrag der Sennen und

Ursprünglicher Typ eines Appenzeller Sennenhunds vor Beginn der Rassezucht

Bauern deren Höfe und Vieh darstellten. Um 1920 gab es nur noch 40 Sennen im Appenzellerland.

Für die häufigen Ortswechsel mit dem Vieh hielten die Sennen Treibhunde. Ohne einen guten Treibhund liessen sich die oft langen Anmarschwege der häufig über hundert Stück Vieh zählenden Herden auf die Alpen und zurück ins Tal kaum bewältigen. Eine Hauptaufgabe des Hunds bei diesen Alpaufzügen und -abfahrten bestand darin, die Herden zusammenzuhalten und vorwärts zu treiben sowie Hab und Gut des Sennen zu bewachen. Gefragt war ein wendiger Hund, der stets den Überblick über die Herde behielt.

Mit dem Aufkommen der Talkäsereien im 19. Jahrhundert verschwand allmählich das Sennentum und damit verlor auch der Treibhund, ein Vorfahre des rassereinen Appenzeller Sennenhunds, seine Bedeutung.

Die wahrscheinlich älteste Beschreibung von Hunden im Appenzellerland findet sich in Friedrich von Tschudis Werk «Das Thierleben der Alpenwelt» aus dem Jahr 1853. Im Kapitel «Hunde im Gebirge» schreibt er: «Bei vielen Viehherden auf der Alp findet man einen sogenannten Sennenhund. Naht sich der Wanderer der Alphütte, so begrüsst ihn zuerst der hellbellende Hund, dann das Gekose der im Kote sich sonnenden Schweinefamilie. Die Sennen brauchen jene kurzhaarigen, mittelgrossen, vielfarbigen Hunde, die sich strichweise in ganz reinem spitzartigem Schlage vorfinden, teils zum Zusammentreiben der Herden, teils zur Hut der Hütte. Die nämlichen, sehr treuen und sehr wachsamen Hunde begleiten sie stets, wenn sie die Milch ins Tal oder zur Stadt tragen.» Die Sennen und ihre Familien lebten sehr einfach, auch wenn sie reich waren. Für den Hund fiel ausser Käsemilch (Schotten, Molke) kaum etwas ab. Bei hoher Leistungsfähigkeit musste dieser ursprüngliche Sennenhund sehr genügsam sein.

Einer liess von einer Wurst die Haut übrig und sagte: «Wenn i en Hoond wäär, woor i d Huut gad au no fresse.»

Alfred Tobler

Von den roten Hunden zu den heutigen Sennenhunden

Die heutigen Sennenhund-Rassen sind aus diesen Bauernhunden oder Küherhunden hervorgegangen. Ihre Farbe war vermutlich mehrheitlich braun und rot und sie hatten noch nicht die heutige Zeichnung. Sie waren wahrscheinlich die heute sprichwörtlichen «roten Hunde», die überall in grosser Zahl anzutreffen waren. Relativ einheitlich waren die Hunde in ihrem Wesen, denn Tiere, die den Anforderungen der Sennen, Bauern und Viehhändler nicht entsprachen, wurden ausgemerzt. Der Gebrauchszweck bestimmte weitgehend die äussere Erscheinung: Der Hund musste eine Respekt einflössende Grösse haben; er musste wetterhart, ausdauernd und genügsam, sein Körperbau wohl proportioniert sein. Als tauglich galt ein Hund, wenn er wachsam und scharf war und trotzdem nicht biss, wenn er beim Ausgehen Fuss folgte, am Wagen zwischen den Hinterrädern und nicht auf den Äckern herumlief, seinen Meister im Notfall verteidigte, auf dem Felde liegengelassene Gegenstände bewachte, nicht wilderte, Katzen und Hühner in Ruhe liess und nicht herumstreunte.

Dass diese ursprünglichen Sennenhunde viel leichter für den Hausgebrauch oder die Arbeit bei der Herde zu erziehen waren als manch andere Rassen, galt als Zeichen dafür, dass sie schon viel früher als andere domestiziert worden waren. Generationen hindurch lebten diese Ur-Sennenhunde bei Metzgern, Viehhändlern, Sennen und Bauern und gelten

Zeichnung aus der Monographie des Hundes von Theodor Göss, erschienen 1834 in Gotha, Deutschland

darum bis heute als treue, allseitig anpassungsfähige, intelligente, verständnisvolle, liebenswürdige und schöne Haushunde. Der Geologe und Sennenhund-Förderer Albert Heim (1849–1937) war überzeugt: «Unsere Schweizer Sennenhunde waren schon seit vielen Jahrhunderten fix und fertig ausgebildete Rassen, stets auf Gebrauchstüchtigkeit gezüchtet.»

Bei der Gründung der Schweizerischen Kynologischen Gesellschaft SKG 1883 existierte noch keine schweizerische Sennenhund-Rasse. Bekannt waren lediglich Gebrauchshunde, die landläufig Senner- oder Küherhunde genannt wurden. Der erste dieser Küherhunde, der das Interesse der nun organisierten Kynologen auf sich zog, war der Appenzeller Tryhond oder Trybhond, das Blässli, das bei den Appenzeller und Toggenburger Sennen sehr beliebt war.

Forstmeister und Hundeliebhaber Max Siber war der erste, der die «Appenzeller Trieberli» als Rasse ansprach und im Jahr 1895 den Zentralvorstand der Schweizerischen Kynologischen Gesellschaft aufforderte, etwas für diese Rasse zu tun: «Diese nutzbare alte Form, die zwar ihres unscheinbaren Äusseren wegen kaum Spekulationsobjekt für Züchter, Händler und Aussteller werden wird, soll nicht durch Bastardisierung untergehen, sondern zur typisch sich vererbenden Rasse empor gebracht werden.» Mit seinem Bericht gab er gleichzeitig eine erste Beschreibung des Appenzeller Sennenhunds. Interessanterweise bezeichnete er die Ringelrute, das heutige Markenzeichen der Appenzeller Sennenhunde, als verwerflich; seiner Meinung nach wäre eine mehr «laufhundeartige Rute» anzustreben gewesen. Das Haarkleid sei «eher langglatthaarig» bis stockhaarig. Am Schluss seines Berichts bemerkte er: «Im Exterieur besitzt der untersetzte, wenig elegante, schlecht behängte Hund mit dem wenig markierten Gesicht nicht viele Schönheiten; am meisten ziert ihn seine Farbe, die in der Hauptsache schwarz ist mit oft weitgehenden gelben Abzeichen und weiss, das bei den meisten Exemplaren am Kopf als Blässe, an den Läufen, dem Bauch, der Rutenspitze als Abzeichen auftritt.» Die Farbe war wenig einheitlich und Siber hielt sie auch nicht für so wichtig bei der Zucht. Neben den dreifarbigen gab es rote, gelbe, porzellanfarbige, getigerte, blaue, mäusegraue Hunde mit und ohne Abzeichen sowie black-and-tan-farbige.

Um aus dem Trybhond eine Rasse zu bilden, schlug Siber vor: «Die SKG sollte Vertrauensleute an die grössten Viehmärkte und Viehschauen schicken, die den Besitzern der

Frisch v. d. Sitter, S.H.S.B. 3471, Besitzer: Josef Gmünder. Kreidezeichnung von F. Leimgruber, ausgestellt an der Schweizerischen Landesausstellung in Bern 1914

besten Hunde eine kleine Geldprämie, höchstens Fr. 5.–, und ein Diplom verabfolgen und ihnen versprechen, die Prämie auch im nächsten Jahr auszurichten, wenn der gleiche Hund wieder vorgeführt werde; sie soll aber erhöht werden, wenn von einem derart prämierten Hund typische Jungtiere gezeigt werden können. Zugleich wären auch Diplome zu verteilen für die am besten gehaltenen Hunde, für die Hunde, die am besten gehorchen und am richtigsten Vieh treiben. Den Hundebesitzern muss man erklären, wie ein Toggenburger- oder Appenzellerhund aussehen soll, wie man ihn züchten muss und was der Reinheit nützen könnte. Deshalb muss die SKG einen Rassestandard ausarbeiten, ihn mit Bildern guter Hunde versehen und ihn dann an Viehmärkten und Viehschauen als Flugblatt unter die Bauern und Sennen verteilen.»

Eine eigens dafür bestellte Kommission nahm sich der Sache an. Da der Trybhond auch bei den Sennen ausserhalb der beiden Appenzell in der Ostschweiz und in den Kantonen Schwyz, Luzern und Bern verbreitet war, sollte die Rasse als Sennen- oder Treibhund bezeichnet werden. Der Entlebucher Sennenhund wurde damals noch als Ortsvarietät des Appenzeller Sennenhunds angesehen und als im Prinzip gleichartig beschrieben. Bald zeigte es sich aber, dass die beiden als zwei gleichwertige Rassen zu bewerten sind.

In den Augen Sibers war die Kommission zu wenig aktiv, und er machte sich mit einem ebenfalls engagierten Förderer des Appenzeller Sennenhunds, dem deutschen Kynologen Richard Strebel, selbst auf den Weg. Dieser berichtete: «Es war einer jener grossen Markttage, an dem alles von der Umgebung nach Appenzell strömte. Die Gelegenheit war günstig gewählt, denn wir sahen annähernd 30 bis 40 Hunde, die ihre Herren teils so, teils als Viehtreiber begleitet hatten. Die Hunde waren sehr ausgeglichen; man merkte auf den ersten Blick, dass es eine durchgezüchtete Rasse war. Da es sich hierbei um

Appenzeller Sennenhund zu Beginn der Reinzucht

instinktive Zucht auf Eigenschaften und Gebrauchsfähigkeiten hin handelte, so war das Gebäude fast durchwegs sehr gut; ebenso trat der Charakter, der in absoluter Folgsamkeit und Unbestechlichkeit gipfelte, bei allen sehr deutlich in Erscheinung. Auffallend waren die vielen Kastraten. Ich befrug verschiedene Besitzer, deren übereinstimmende Antwort lautete: Damit sie besser beim Haus bleiben, und weil sie fetter werden. Das Letztere war mir unverständlich; ich erlaubte mir eine weitere Frage, wobei sich herausstellte, dass die Hunde viel gegessen werden. Unserer erneuten Anregung Folge gebend, hat die SKG hohe Preise für gute Hunde ausgesetzt. Man stiess aber hierfür auf ein solch absolutes Unverständnis bei den Leuten, dass die Sache wieder einschlief. Einesteils lag wohl in den Kastraten der Grund, dass die Sache nicht vorwärts wollte, anderenteils wohl aber daran, dass sich kein Schweizer Grosszüchter fand, der sich dieser sehr guten und hübschen Hunde annahm, mit Prämien allein war es nicht getan.»

Strebels Pessimismus war nur zum Teil berechtigt. Denn unterdessen war auch die SKG-Kommission, welcher der damals bekannte Kynologe und Arzt Theodor Künzli, St. Gallen, Max Feer, Frauenfeld, und ein nicht namentlich bekannter «begeisterter Anhänger dieser Form, ein in Appenzell domizilierter, noch nicht offizieller Kynologe» angehörten, tätig geworden. Diese Kommission legte Rassekennzeichen fest, die 1897 unter dem Namen «Sennen- oder Treibhund» im Zentralblatt für Jagd- und Hunde-Liebhaber veröffentlicht wurden. In den folgenden Jahren hielt sie auf den Viehmärkten in der ganzen Ostschweiz nach typischen Tieren Ausschau. Am 22. August 1898 veranstalteten die SKG und der Kynologische Verein «Barry», St. Gallen – einer der damals in der Schweiz modischen Bernhardiner-Clubs – die erste Sennenhundeschau in Altstätten. An diesem Tag fand der «weitaus grösste und zahlreichst besuchte Markt» statt, an dem der «grösste Teil der Ostschweiz sich beteiligt und an dem namentlich unsere Bauern und Sennen mit ihren Hunden auftreten». Es wurden etwa dreissig Sennenhunde beiderlei Geschlechts gezeigt, die als Appenzeller Sennenhunde bezeichnet werden konnten. Neun männliche und sieben weibliche Tiere wurden zur Zucht ausgewählt und ihre Besitzer je nach Qualität des Hunds mit Prämien von fünf bis zwanzig Franken ausgezeichnet. Das Geld hatte der Regierungsrat des Kantons St. Gallen zur Verfügung gestellt. Der dafür verantwortliche Vorsteher des Landwirtschaftsdepartements, Theodor Curti, wurde daraufhin in der Presse wegen der «nutzlos ausgeworfenen» 400 Franken heftig angegriffen.

«Allzu grosse Tiere, Verbindungen der Sennen- mit dem Fleischerhunde, wurden strenge ausgeschieden, ebenso Tiere, die im entferntesten Verdacht erregten, fremdes Blut zu besitzen, erbarmungslos abgewiesen, wobei, wie es eben zu geschehen pflegt, mancher vom schönen Wahn, einen Sennenhund zu besitzen, befreit wurde, dafür sich aber an den Herren (der Kommission) dadurch revanchierte, ihnen das Zeugnis des Nichtbesserverstehens auszustellen.»

Dennoch war das Interesse der Bauern am Sennenhund überraschend gross und ebenso die Einsicht in den Nutzen der Reinzucht. Die Leute seien sogar bereit, «längere Wegstrecken zurückzulegen, um ihre Hündinnen bei guten und bekannten Hunden, welche die körperlichen und geistigen

Der Appenzeller Sennenhund von Eugen Vogt: Bläss Panaria

Eigenschaften in gewünschtem Masse besitzen, decken zu lassen.» Im gleichen Jahr wurden an der internationalen Hundeausstellung in Winterthur in der Klasse Sennenhunde acht Appenzeller vorgeführt.

1899 verlor der Appenzeller Sennenhund durch den Tod von Max Siber einen grossen Förderer und Liebhaber. Der Aufmarsch zu den Ausstellungen verminderte sich zusehends, so dass Eugen Vogt, Winterthur, 1901 im Richterbericht nach der Ausstellung in Basel resigniert im Zentralblatt für Jagd- und Hunde-Liebhaber schrieb: «Die Appenzeller Sennen haben keinen Sinn für solche Bestrebungen. Sie rühmen nur, wie ihre Bläss und Blässinnen gut zum Haus und zum Viehtreiben seien und jeder will das schönste Tier haben. Es ist wirklich zu bedauern, dass die Kynologen in St. Gallen, die sich seiner Zeit die Mühe gaben, diese Rasse zu verbessern, und die die St. Galler Regierung veranlassten, 400 Fr. zu Prämien zu schenken, nicht mehr Erfolg hatten. Es wäre so schön gewesen, circa 20 Sennenhunde in den Boxen zu sehen, aber alles in allem waren, schreibe, zwei Hunde ausgestellt. Prinz vom Säntis, Kat.-No. 184, Klasse No. 94; ein schöner Hund, welcher schon mehrmals an Ausstellungen I. Preis erhielt, erwarb auch hier wohlverdient I. Preis. Eine Hündin, Bläss genannt, erst später eingesandt, daher ohne Kat.-No., Klasse 94. Dieselbe erhielt, zwar nicht so wohl verdient, II. Preis und Zusatzpreis. Sie war sehr fett, so dass der Richter dieselbe untersuchen liess, ob sie nicht etwa kastriert sei, sie hat mittelmässig guten Kopf und zu starke Ringelrute.

Nach meiner Ansicht wäre es am besten, in Zukunft keine Klassen für Appenzeller Sennenhunde mehr ins Programm aufzunehmen.»

Doch wieder fand der Appenzeller Sennenhund einen begeisterten Förderer: Der international bekannte Geologe Albert Heim hatte den Hund während seiner Forschungstätigkeit im Alpsteingebiet kennen gelernt. 1914 veröffentlichte er ein Büchlein mit dem Titel «Die Schweizer Sennenhunde». Darin äussert er die Vermutung, dass die Kynologie die schweizerischen Sennenhunde so lange nicht beachtet habe, weil sie sich nicht vom Sport oder von der Wissenschaft her entwickelt hätten. Sie seien ausschliesslich Gebrauchshunde. Alle anderen Hunderassen seien später in die Schweiz gekommen und hätten hier zum Teil die einheimischen Sennenhunde verdrängt: Der Bernhardiner verdrängte den grossen Schweizer Sennenhund, der deutsche Schäferhund den Berner und den Entlebucher Sennenhund. Der Berner Sennenhund war fast ganz auf das Dürrbachgebiet hinter dem Gurnigel zurückgedrängt worden, was ihm die Bezeichnung «Dürrbächler» eintrug. Der «originellste von allen, der grosse Schweizer Sennenhund, der noch vor 60 Jahren durch die ganze Schweiz zu finden war, ist schwierig noch in guten Exemplaren aufzutreiben, er hat am meisten gelitten, er war am Verschwinden.» Dem Appenzeller Sennenhund hingegen hätten die Importe lange Zeit am wenigsten geschadet; sie seien rasserein erhalten geblieben. Heim rief zu ihrer Rettung auf: «Wir wollen und dürfen sie nicht untergehen lassen, diese ältesten, herrlichen einheimischen Rassen, diese wahren Nationalhunde der Schweizer, die gleichen, die schon seit 1000 Jahren hier sind.» Obwohl die Schweizer Sennenhunde zu den paläarktischen – ein Begriff, der in der Tiergeografie Europa, Nordafrika und Asien ohne Indien bezeichnet – Hunden gehörten wie der deutsche Schäfer und der Collie, so seien sie weiter fortgeschrittene, noch besser angepasste Freunde des Menschen als die beiden Schäferhundrassen. Heim bittet die Halter von Sennenhunden, «rasserein und nach sorgfältiger Auswahl» zu züchten und die Hunde ins Stammbuch eintragen zu lassen. Er erachtete dies als einen Ausdruck der Dankbarkeit für ein altes Erbe. «Jahrhunderte hindurch haben sie unserer Bevölkerung die besten Dienste geleistet, ohne durch einen Rassenamen geziert zu sein. Sie sind bodenständig, sie sind in den jetzt vorliegenden Arten hier entstanden, sie sind urheimatlich. Fremden Eindringlingen mit vermeintlichen Vorzügen zuliebe haben wir sie gedankenlos und treulos beinahe geopfert. Wir dürfen nicht Jahrhunderte alte Treue mit Verrat beantworten. Wir wollen einen vollauf berechtigten, echten, edlen Heimatschutz an den Schweizer Sennenhunden üben.»

Zu Beginn der Reinzucht der Appenzeller Sennenhunde gab es Bestrebungen, die Rasse in zwei Typen aufzuteilen. Die einen wollten einen feingliedrigen, schlanken Typ mit langen Ohren züchten, die anderen am alten, breitbrüstigen «ächten

Prinz v. Eschenberg im Alter von 9 Monaten; er stammt aus einer Zucht im Toggenburg

Bläss» festhalten. Heim setzte sich energisch gegen die Verfeinerungstendenzen ein und hielt mit Erfolg am gedrungenen, robusten Typ fest. Mit seiner begeisternden Art verstand er es, das Interesse an den Sennenhunden neu zu wecken. Im Februar 1906 gründete «Herr Schlachthausverwalter» Josef Anton Gmünder «mit den Herren Dr. vet. Rohner und Fritsche» in Appenzell zusammen mit zehn Hundeliebhabern den Klub für Appenzeller Sennenhunde. Die 1909 aufgestellten Statuten sind unterzeichnet von Josef Gmünder als Präsident, Kunstmaler Karl Liner als Aktuar und Franz Fritsche, Viehhändler, als Kassier. «Josef Anton Gmünder widmet seine anerkannt besten Kenntnisse in der Förderung des intelligenten und daher überall beliebten Appenzeller Sennenhunds, der reinen Zucht dieser originellen, alten Hunderasse. Ungezählte Auszeichnungen, hohe Preise, Artikel in den Zeitungen, lassen die Idee für die Gründung eines Klubs für Appenzeller Sennenhunde heranreifen. Auf den 9. März 1909 wird erstmals die Sitzung einer Kommission dieses Klubs im «Hecht» in Appenzell anberaumt, wobei Gmünder sehr verdienterweise zu des-

Albert Heim, Zweiter von rechts, beim Richten an einer Zuchtschau in Weissbad

sen Präsident erwählt wird,» ist in den Appenzeller Geschichtsblättern vom Oktober 1940 zu lesen. Gmünder eröffnete ein Zuchtbuch und gab Stammbäume heraus. Bis 1914 wurden an die hundert Hunde in dieses Zuchtbuch eingetragen.

Bis 1911 wurden die an Ausstellungen gezeigten Appenzeller Sennenhunde meist durch Albert Heim selbst gerichtet. Er bescheinigte dem Klub, dass dank seiner Aufsicht über die Rassezucht die meisten von ihm gerügten Fehler im Exterieur und Wesen ausgemerzt worden seien. Nach 1911 übernahm Josef Gmünder das Amt des Ausstellungsrichters. Am 5. März 1914 publizierte Albert Heim den Rassestandard, der in seinen Grundzügen bis heute gültig ist. Durch die Ausgabe von Stammbäumen, Deck- und Wurfkarten kämpfte der Klub gegen die Einmischung von Fremdblut und den Handel mit falschen «rassereinen» Appenzellern.

Josef Anton Gmünder stand dem Klub 25 Jahre vor. Seine Diana vom Säntis S.H.S.B. 2099 bezeichnete Albert Heim in Form, Ausdruck und Farbzeichnung als wahres Urbild des

Hündin Fahne S.H.S.B. 5656, Kreidezeichnung von F. Leimgruber, ausgestellt an der Schweizerischen Landesausstellung in Bern 1914

Blick in das 1906 eröffnete Stammbuch für Appenzeller Sennenhunde mit handschriftlichen Eintragungen von Josef Gmünder

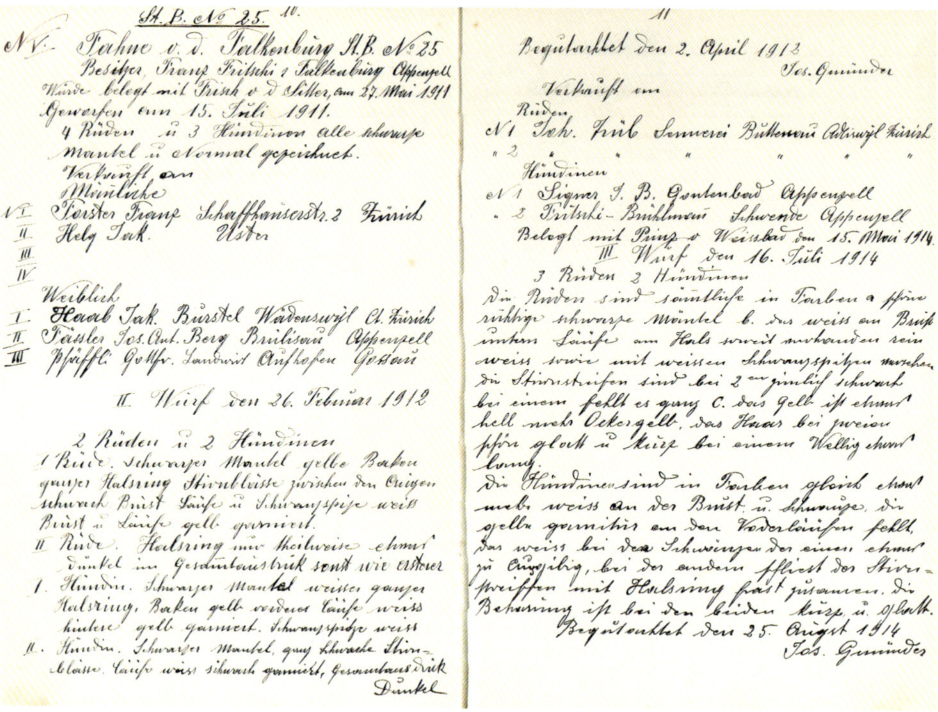

St. B. No 25. 10.

Nr. Fahne v. d. Falkenburg St. B. No 25
Besitzer Franz Fritschi, Falkenburg Appenzell
Wurde belegt mit Fritz v. d. Sitter, am 27. Mai 1911
Geworfen am 15. Juli 1911.
4 Rüden u. 3 Hündinnen alle schwarze Mantel u. normal gezeichnet.
Verkauft an
Männliche
I. Forster Franz Schaffhauserstr. 2 Zürich
II. Helg Jak. Uster
III.
IV.
Weiblich
I. Haab Jak. Bürstel Wädenswyl Ct. Zürich
II. Fässler Jos. Ant. Berg Brülisau Appenzell
III. Pfäffli Gottfr. Landwirt Aufhofen Gossau

II. Wurf den 26. Februar 1912

2 Rüden u. 2 Hündinnen
I. Rüde. Schwarzer Mantel gelbe Backen ganzer Halsring Stirnblässe zwischen den Augen schwach Brust Läufe u. Schwanzspitze weiss Brust u. Läufe gelb garniert.
II. Rüde. Halsring nur theilweise etwas dunkel im Gesamtausdruck sonst wie erster
I. Hündin. Schwarzer Mantel weisser ganzer Halsring, Backen gelb vordere Läufe weiss hintere gelb garniert. Schwanzspitze weiss
II. Hündin. Schwarzer Mantel, ganz schwache Stirnblässe. Läufe weiss schwach garniert, Gesamtausdruck Dunkel

11

Begutachtet den 2. April 1912
Jos. Gmünder

Verkauft an
Rüden
No 1 Jak. Krub Sennerei Büttenau Adliswyl Zürich
" 2 " " " " "
Hündinnen
No 1 Signer J. B. Gontenbad Appenzell
" 2 Fritschi-Bühlmann Schwende Appenzell
Belegt mit Prinz v. Weissbad den 15. Mai 1914
III. Wurf den 16. Juli 1914
3 Rüden 2 Hündinnen
Die Rüden sind sämtliche in Farben a. schöne richtige schwarze Mäntel b. das weiss an Brust unten Läufe am Hals weit vorhanden rein weiss sowie mit weissen Schwanzspitzen zwischen die Stirnstreifen sind bei 2 ziemlich schwach bei einem fehlt es ganz c. das gelb ist etwas hell nicht Ockergelb, das Haar bei zweien schön glatt u. kurz bei einem wellig etwas lang.
Die Hündinnen sind in Farben gleich etwas mehr weiss an der Brust u. schwarze, die gelbe garnitur an den Vorderläufen fehlt, das weiss bei dem Schwinger der einen etwas zu ausgiebig, bei der andern fliesst der Stirnstreifen mit Halsring fast zusammen. Die Behaarung ist bei den beiden kurz u. glatt.
Begutachtet den 25. August 1914
Jos. Gmünder

Appenzeller Sennenhunds. 1914 zählte der Klub zirka vierzig Mitglieder. Er nahm mit guten Rassevertretern an jeder schweizerischen Ausstellung teil. 1927 stieg die Zahl der Mitglieder auf 81 und er war, wie Bezirkstierarzt Bernhard Kobler, St. Gallen, 1927 im Schweizerischen Hunde-Stamm-Buch S.H.S.B. festhielt, «einer der angesehensten der Schweizerischen Kynologischen Gesellschaft».

Spezieller Hund eines speziellen Volks

Mensch und Hund haben ein besonders inniges Verhältnis zueinander. Es ist anzunehmen, dass sich der Mensch seit jeher den Hund gesucht und herangezogen hat, der seinem eigenen Wesen und seinen Erwartungen entsprach. Heute stehen dem Hundefreund die verschiedensten Rassen zur Auswahl. Früher prägten sich in abgeschlossenen Landstrichen Eigenarten bei Mensch und Tier aus, die von Ort zu Ort verschieden sein konnten. Es sind einige alte Beschreibungen appenzellischer Eigenart überliefert. Was hier zusammengestellt ist, ist von Menschen über Menschen gesagt. Einiges davon lässt sich unschwer auf den Hund der Appenzeller und Appenzellerinnen – und auch auf den reinrassigen Appenzeller Sennenhund – übertragen.

Das Appenzellerland

Das ganze hügelige Land ist üppig grün und besteht ausschliesslich aus Weide; dazwischen stehen je und je ein kleines, schwarzes Tannengehölz und am Fuss der Berge schöne Laubwälder. Und überall liegen saubere Höfe, einer wie der andere einladend und gepflegt, vielfenstrig, mit vorspringender Schutzwand auf der Windseite und mit ein paar schönen Bäumen, meistens Eschen, davor. Darum her Weide an Weide, niedrig umzäunt, mit hölzernen Tränken und herrlichem Vieh.

Hermann Hesse

So stellte Pfarrer, Chronist, Geograf und Kartenzeichner Gabriel Walser 1740 fest, dass seine Landsleute sich «vielmahlen mit Fleiss alber oder einfältig stellen, um andere hierdurch zu sondiren oder zu agiren.» Von Konrad Fäsi ist 1766 in seiner «genauen und vollständigen Staats- und Erdbeschreibung der ganzen helvetischen Eidgenossenschaft» überliefert: «Der Appenzeller Freimütigkeit und ihr Witz macht sie bisweilen ihren Nachbarn, welche ihnen an diesen Gaben nicht gleichkommen, verhasst; man gibt sie für grob, beissend und ungesittet aus, das sie doch nicht sind.» Der deutsche Reisende Johann Michael Afsprung war im ausgehenden 18. Jahrhundert überrascht vom temperamentvollen und schlagfertigen Wesen der Appenzeller: «Den Witz haben die Appenzeller mit allen freien Menschen gemein.» 1786 ist im Helvetischen

Sennen beim Schwatz, mit dabei ihre Hunde

Vor der Sennhütte

Ein junger, fast schwarzer Muni mit seinem unheimlichen Mohrenkopf und den kleinen, glühenden Augen trat jetzt aus dem Stall, und wie einer Respektsperson gab ihm die Herde Durchlass. Augenscheinlich wusste er nicht, was er zuerst tun wollte, frisches Gras abbeissen oder in die Bande der immer zu Kapriolen aufgelegten Geissen stürmen oder sich mit einem befreundeten Kühlein boxen. Plötzlich fiel ihm ein, dass es immer einen verteufelten Spass mit dem gelben Hüterhund absetze, wenn er den Kopf senke und davonrenne. Das tat er und sieh, der Hund sprang ihm sogleich mit entsetzlichem Ernst hart an den Hufen nach. Nun fingen auch einige Kühe an zu springen. Alte Narren! Wie braune, massige, zweiteilige Wogen waren sie anzuschauen, so wie sie den Hinterleib aufwarfen, den Kopf senkten und auf- und niederhotzelten. Der Hund weiss nicht mehr, wo angreifen mit seinen hängenden, nassen Lefzen. Der Muni ist doch der böse! Den! – Aber jetzt gibt es einen Witz. Der gehörnte, junge Flegel kehrt sich mit einem schnellen Ruck gegen den Hund um und senkt die gabelige Stirne gefährlich. Der Hund sperrt sich mit breiten Füssen, bellt unendlich und weiss vor Angst und Zorn nicht, soll er zurück oder vorwärts. Aber der Stier wirft sich um und galoppiert in seinem wunderbaren zweiteiligen Galopp weiter, eine ganze Wolke lustigen, freien Atems aus den Nüstern stossend. Er grinst vor Freude. Dass dieser famose Ordnungshund da keinen Spass versteht, das eben ist der kolossale Spass, der ihm bis in den Schwanzzipfel wohltut.

Heinrich Federer

Selbst der Bläss will an der Potersalp-Stubete ein Tänzchen wagen

Kalender über die Appenzeller zu lesen: «Von Natur aus sind sie rohe, unverwöhnt, vierschrötig, voll Kräfte» und haben eine «biedere Treuherzigkeit». Der Deutsche Heinrich Norrmann attestiert den Innerrhodern in seinem geografischen und historischen Handbuch 1796 «muntre Laune, Witz, einen hellen Kopf, grosse Freimütigkeit und Freiheitsliebe». In seiner «Schilderung der Gebirgsvölker der Schweiz» schrieb Johann Gottfried Ebel 1798: «Der Appenzeller ist lebhafter, muntrer, scherzhafter, witziger und geistreicher als alle seine Nachbarn.» Und: «Merken sie aber, dass andere sie zum besten haben wollen, so sind ihre Antworten gewöhnlich scharf und derb, welches sie bei ihren Nachbarn in den Ruf grober Leute gesetzt hat.»

«Die Lebensauffassung des Appenzellers ist im ganzen eine fröhliche, die Sorgen und Mühen des alltäglichen Lebens benehmen ihm die Daseinsfreude nicht. Mitzumachen, mitzulachen und mitzusingen, das steckt eigentlich Jedem im Blute. Dazu kommt eine ausgesprochene geistige Aufgewecktheit», schreibt Alfred Tobler in seinem Buch «Der Appenzeller Witz», das 1900 erschien. Der Appenzeller Witz sei mit der Freiheit des Landes Appenzell entstanden, zu der Zeit, als sich die Appenzeller von den äbtischen Herren und ihren lokalen Vögten befreiten. In diesen geschichtlichen Zusammenhang gehört die Sage vom Vogt von der Schwende, in der Hunde – allerdings eher Jagdhunde und nicht Bauernhunde – die Hauptrolle spielen. In dieser Zeit entstand auch das Sennenwesen, in dem der Treibhund seine überragende Bedeutung gewann. Die ältesten Überlieferungen von appenzellischem Witz stammen aus dem 15. Jahrhundert. Im 18. Jahrhundert wurde er als eine «Art Nationaleigenart der Appenzeller betrachtet».

Wen wundert es da, dass sich in so einem speziellen Volk auch ein ganz spezieller Hund entwickelte? Ein Hund, der die Freiheit liebt, der sticht, wenn er sich angegriffen fühlt, der ausgesprochen aufgeweckt ist, einen grossen Bewegungsdrang und natürlich auch etwas vom Witz und Humor seiner Meis-

Senn mit seinem treuen Begleiter auf dem Rossberg

Eine Welt für sich

Das Appenzellerländchen ist eine kleine Welt für sich. Der Alpstein schliesst es im Süden ab, und wo es an seiner übrigen Grenze sich dem umliegenden Land öffnet, steigt es nicht ganz ins Tal hinunter, sondern macht an seinem Rande Halt. So ist im Grunde auch der Appenzeller. Er will sich nicht von der Welt verschliessen; aber er will doch sich und seiner innersten Art treu bleiben.

Otto Frehner

tersleute hat? Dass dies der Fall ist, bestätigt eine Aussage des Tierarzts Hermann Neff, eines Innerrhoders, der seit langem im ausserrhodischen Gais wohnt. An der Feier des 75-Jahr-Jubiläums des Schweizerischen Clubs für Appenzeller Sennenhunde sagte er als damaliger Clubpräsident über den Appenzeller Sennenhund: «Ohne Vermenschlichung kann man ihm mit seinem ausgeprägten Mienenspiel so etwas wie Humor attestieren.» Manchmal ziehe der Hund die Lefzen hinauf, was als ein freundliches Zeichen, vielleicht sogar als ein Lachen gedeutet werden dürfe, erläutert Neff. Durch seine Stimme drückt der Bläss seine Stimmungen aus. Er bellt, wenn er merkt, dass sein Meister etwas von ihm will: Wenn er das Vieh in den Stall treiben soll oder wenn es endlich raus geht. Der Bläss bellt aus Freude oder er knurrt – auf alle Fälle wisse man, woran man mit ihm sei.

«Der Appenzeller liebt den Diminutiv und auch sein Hund

Zwei Bauernhunde im oberen Neckertal

Farbenprächtige Bürschlein

Man muss diese Hunde in den Bergen sehen, auf einer grünen Alp im Morgensonnenschein, wenn die farbenprächtigen Bürschlein wie schwarz-gelb-weisse Schmetterlinge leuchten. Diese Hunde sind voll Leben. Keinen Augenblick können sie in der Sorge um ihre Herde stille stehen, bergauf, bergab laufen, rennen, keifen und bellen sie, bis ihre Tiere alle beieinander sind und Ordnung in der Herde herrscht. *Bernhard Kobler, 1927*

ist kein grosser Hund,» fasst Hans Hürlemann, Kenner der Appenzeller Volksseele aus Urnäsch, zusammen. Der Appenzeller belle geschwind, aber beisse selten, und wenn, dann am liebsten von hinten. Ueli Rotach, den Appenzeller Freiheitshelden, hält er auch unter den Menschen im Appenzellerland und in der Appenzeller Geschichte eher für eine Ausnahmeerscheinung. Er gibt aber zu bedenken, dass Kläffer auch ausserhalb der beiden Appenzeller Halbkantone relativ häufig anzutreffen seien.

Hundesteuer

Während Jahrhunderten waren Hunde selbstverständliche Begleiter ihrer Herren. Sie gaben kaum Anlass, sich in der Öffentlichkeit mit ihnen zu befassen. Schriftliche Zeugnisse, in denen überliefert ist, was man über die Hunde dachte und welche Beziehung man zu ihnen hatte, sind daher selten. Die Hunde gehörten zum ländlichen Leben wie Rinder, Kleinvieh und Geflügel. Dort hatten sie ihre Aufgabe zu erfüllen, waren vielerorts reine Gebrauchstiere. Dies änderte sich, als es sich im Laufe des 19. Jahrhunderts vor allem in städtischen und stadtnahen Gebieten immer mehr Menschen leisten konnten, Hunde als Freizeitgefährten zu halten. Der sogenannte Luxus- und Sporthund hielt auch im Appenzellerland Einzug. Auf der anderen Seite erregten sich selbst überlassene Tiere, die durch Strassen und Gassen der Dörfer und Städte streunten, den Unwillen der Bevölkerung. Das bezeugen vielfältige Berichte aus kantonalen und kommunalen Parlamenten. Um dem Problem beizukommen und um die Tollwut, deren gefährlichster Überträger für den Menschen der Hund ist, in den Griff zu bekommen, wurde allerorten eine Hundesteuer eingeführt. Auch in den beiden Appenzeller Halbkantonen war die Diskussion entbrannt. Und in diesem Zusammenhang ist einiges zu erfahren, wie die Politiker Ende des 19. Jahrhunderts über die Hunde im Appenzellerland dachten.

So ist am 9. Januar 1890 in der Appenzeller Zeitung zu lesen: «Von allen eidgenössischen Ständen bildet Appenzell A. Rh. die einzige Ausnahme, wo die lieben Viecherl einer Steuer nicht unterworfen werden dürfen. Dafür sind sie bei uns zu Lande weniger zahlreich, sie sind schöner, manierlicher und lange nicht so gefährlich als irgendwo anders! Unser Kanton ist, seit durch eine besondere Verordnung den Hunden die Arbeit verboten worden ist (sie dürfen nicht mehr zum Ziehen gebraucht werden) eigentlich ein wahres Paradies für die treuen Begleiter des Menschen. In den Kantonen St. Gallen und Baselstadt hat so ein Herr Hund für die blosse Erlaubnis zum Leben jährlich 15 Franken zu blechen, in Zürich und Genf 12 Franken, 10 Franken müssen per Stück

Art. 14
Beseitigung von Hunden: Hunde, die wegen Krankheit, bösartiger oder widerlicher Eigenschaften gefährlich oder lästig sind, können auf Anordnung des Gemeinderates ohne Entschädigung abgetan werden.

Ausserrhoder Hundegesetz von 1969

und per Jahr entrichtet werden im Aargau, im Lande des hl. Fridolin, in Schaffhausen, Baselland, Thurgau, Waadt und Neuenburg; man hat daselbst nicht bemerkt, dass das Geschlecht der Hunde wegen der hohen Steuer auszusterben drohe. Gegenteils freuen sich dort Staat und Gemeinden einer ertragreichen Steuer, welche zugleich einen heilsamen Einfluss auf die Besserung und Läuterung der Vierbeiner ausübt. Denn wenn so ein Tier gar zu billig sein sollte, zu unartig sich aufführt oder zu hundemässig wüst aussieht, so kommt der Eigentümer, wenn die Zeit der Steuerentrichtung heranrückt, gar gerne auf den Gedanken, ob er das Luxustier abtun und sich Silberlinge sparen solle. Niedrigere Taxen als die angegebenen haben alle übrigen Kantone; keiner lässt die Hunde ganz frei ausgehen. Sind nun 6 Fränklein im Jahr, wie sie im Entwurfe vorgesehen sind, zu viel?»

Die Hundesteuer gehört wie die Erbschafts- und Wirtschaftssteuer zu den indirekten Steuern, die bei ihrer Einführung stark umstritten waren. Eine Initiative des patriotischen Grütlivereins wollte alle indirekten Steuern verbieten. Andere Gruppierungen setzten sich vehement dafür ein. Die Lesegesellschaft zum Hecht in Teufen äusserte: «Und wie stehts mit der vielangefochtenen Hundesteuer? – § 31 des eid-

Bläss als Kettenhund auf einer historischen Ansichtskarte

genössischen Viehseuchenpolizeigesetzes erlaubt sie nicht bloss, sondern fordert sie unter Umständen sogar.»

Die Lesegesellschaft Einfang in Herisau hoffte mit einer Hundesteuer den Bestand der Hunde etwas zu senken, was auf eine hohe Hundedichte schliessen lässt. Sie schrieb: «Wenn auch durch die Annahme der Hundesteuer hie und da so ein Vieh beiseite geschafft werden sollte, so wäre dies nicht zu bedauern.»

An der Landsgemeinde 1890 wurde die ganze Steuervorlage inklusive Hundesteuer abgelehnt. In der Folge wurde weiter diskutiert und studiert, wie man die Vorlagen ändern müsse, damit sie den Landsgemeindemannen genehm wären. Der Volksverein Teufen versuchte es mit einer Reduktion der Steuern für verschnittene Hunde: «Es seien die zu bestim-

Hundemarkenprägestempel von 1940

menden Gebühren für Hunde nur für unverschnittene Hunde im vollen Betrage, für verschnittene Hunde nur die Hälfte dieses Betrages vorzuschreiben, statt wie im Entwurfe keine solche Unterscheidung vorgesehen ist.»

Schon im November war als Vorbereitung auf die Landsgemeinde von 1891 zu lesen: «Ferner soll die Hundesteuer eingeführt werden. Eine solche mag angehen für eine Stadt oder ein grosses Dorf, aber nicht für ein Ländchen, dessen Häuser über alle Hügel und Täler zerstreut sind, und dann auch diese, welche wegen Abgelegenheit oder Beruf fast genötigt sind, einen Hund zu halten, von einer solchen Steuer betroffen werden. Dass es für die Stadt- oder Dorfbewohner mitunter etwas lästig ist, wenn die Zahl dieser Vierfüssler zu gross wird, ist anzunehmen. Sie wollen aber auch bedenken, dass sie auch manche Bequemlichkeit haben, die man auf dem Lande vermissen muss, denn abgesehen von den im Durchschnitt bessern Verdienstverhältnissen kann sich doch gewiss mancher die Qual vorstellen, welche man ausstehen muss, wenn man gerne ein Glas Bier hätte und über eine halbe Stunde in der Runde keines zu haben ist. Im Entwurf, wie er aus der ersten

Beratung hervorgegangen ist, wurde dann allerdings diese Gebühr bloss auf 8 Fr. festgesetzt. Das ist aber kein Grund zur Empfehlung.»

Die Argumente drehten sich im Kreise. Im Kantonsrat wurde um die Höhe der Steuern gefeilscht. In der Versammlung des landwirtschaftlichen Vereins anfangs April focht der Referent mit dem Argument der grossen Zahl von Hunden im Kanton. «Betreffend die Hundesteuer legte Hr. Kantonsrat D. Eugster den Anwesenden warm ans Herz, dass sie wie ein Mann dafür einstehen sollen. Was nützen so viele Kläffer, die Weg und Steg, besonders in den Dörfern unsicher machen, dem Bauern sein Gras und Heu verderben, die, entsprechend ihrem Fortpflanzungstrieb Ärgernis erregen. Soll derjenige, der kein Haus und Hof hat, der von der Gemeinde und anderen Helfern unterstützt wird, noch einen Hund halten? Zudem ist es die reinste Tierquälerei, wenn man den Hund hungrig herumlaufen und sich an allen Düngergruben satt fressen lässt. Was sagen aber diejenigen, die vor ihren Häusern oder im Hause selber den Hunden nachputzen müssen? So waren die Ansichten verschiedener, welche mit dem Hrn. Referenten die Hundesteuer befürworten.» Die Redaktion der Appenzeller Zeitung hieb in ihrer Vorschau auf die Landsgemeinde-Traktanden am 18. April 1891 in die gleiche Kerbe: «Mancher Kläffer, der oft in einer Weise konzertirt, die Stein erweichen und Menschen rasend machen kann, verdiente nicht bloss eine Steuer, sondern dazu noch ein Pflaster über sein ungezogenes Maul.» «Das fortwährende Belästigen des Publikums sollte doch wenigstens mit einer Gegenleistung in Form einer Steuer beglichen werden», meinte man auch im Volksverein Bach in Trogen. Aus der Volksversammlung zu den Steuervorlagen in Schwellbrunn war zu vernehmen, wenn eine Hundesteuer «dazu beitrage, dass eine grosse Zahl Ärgernis erregender Kläffer abgeschafft werde, so sei ein guter Zweck erreicht.»

Doch der Souverän verwarf auch 1891 alle Steuervorlagen. Die Vorlagen kamen erst 1897 in fast unveränderter Form wieder vor die Landsgemeinde. Und diesmal fanden sie Zustimmung. Die Vollziehungsverordnung zum Gesetz betreffend die Hundesteuer wurde am 28. Oktober 1897 vom Regierungsrat des Kantons Appenzell Ausserrhoden erlassen. Der Hund wurde damit zur Quelle von Einnahmen der öffentlichen Hand: $^1/_3$ des Ertrags erhielt der Kanton, $^2/_3$ die betreffende Gemeinde.

Die Betriebsrechnung des Kantons Appenzell Ausserrhoden weist für die Jahre 1898 bis 1901 durchschnittliche Hundesteuer-Einnahmen von 3500 Franken pro Jahr aus. Geht man von einer Schätzung aus, dass drei Viertel der Tiere männlich oder verschnitten weiblich und ein Viertel weiblich unverschnitten sind (durchschnittliche Steuer: 7 Franken), kommt man auf eine Zahl von 500 (steuerpflichtigen) Hunden. Eine kleine Zahl von Hunden verglichen mit heute:

Hunde in Ausserrhoden:

Jahr	*Total Hunde*	*Haushunde*	*Hofhunde*
1970	2645	—	—
1992	3220	2326	894
1998	3226	2519	707

Albert Heim schreibt 1914: «Nur Appenzell Innerrhoden hat keine Hundezählung. Es sollen zurzeit in Innerrhoden nach Schätzung von Jos. Gmünder etwa 180 Stück rassiger Appenzeller Sennenhunde leben. 97 solche sind beim Klub eingetragen und werden zur Reinzucht verwendet. Appenzell Ausserrhoden mag wohl mehr als zwei- oder dreimal so viel besitzen. In den St. Galler Alpen traf ich schon oft sehr rassige Appenzeller Sennenhunde und im Vorarlberg sind sie auch verbreitet. Ich glaube, man darf annehmen, dass es zurzeit in diesen Gebieten über 2000 solche gibt.»

Im Kanton Appenzell Innerrhoden wurde am 6. März 1884 die Einführung einer «Hundetaxe» beschlossen, «um dem Übelstand der übermässigen Verbreitung von Hunden einiger Massen abzuhelfen und in der Absicht, der hieraus, namentlich bei Ausbruch der Wuthkrankheit, entstehenden Gefahr für Leben und Gesundheit der Menschen möglichst vorzubeugen». In der Verordnung wurde Armengenössigen und Personen unter 20 Jahren das Halten von Hunden untersagt. Artikel 5 bestimmte: «Bissige, bösartige, überhaupt für das Publikum gefährliche Hunde dürfen entweder gar nicht gehalten werden oder müssen mit einem starken Maulkorbe von Draht versehen sein.» Die Einnahmen der Hundetaxe flossen in die Armenkassen des Kantons und der Bezirke.

Art. 5
1 Hunde sind so zu halten, dass sie die öffentliche Ordnung nicht stören und fremdes Eigentum nicht verunreinigen.
2 Die Hundehalter haften für die durch ihre Tiere verursachten Schäden (OR Art. 56).

Innerrhoder Hunde-Verordnung von 1970

In der Grossratssitzung vom 22. November 1900 drängte sich «wegen der grossen Zahl von Hunden» eine Revision der Verordnung betreffend die Hundetaxe auf. Dabei wurde der Betrag angehoben. 1915 stand eine weitere Revision an. Doch

galt damals eine Erhöhung der Taxe als «nicht populär». Erst 1924 wurde die Steuer für einen Hund von 2 auf 5 Franken erhöht, wobei die Bezirke seit 1900 die Möglichkeit hatten, mehr einzufordern. 1953 stieg der Betrag auf 8 Franken.

1970 wurde die Verordnung über das Halten von Hunden im Kanton Appenzell Innerrhoden neu formuliert. Bei der Eintretensdebatte im Grossen Rat am 19. März 1970 forderte Hauptmann W. Jakober, Appenzell, der einen Antrag zur Erhöhung der Taxen eingereicht hatte, bei der Besteuerung sollte künftig «zwischen Bedarfshunden, also z. B. Sennenhunden, und Luxushunden» unterschieden werden. Denn: «Allein im Dorf Appenzell stelle die Zahl der Luxushunde bezüglich der Sauberkeit eine Belastung dar.»

Appenzeller Hund in Appenzeller Witzen

In einem Dorfe ward ein toller Hund erlegt. Der Polizeidiener verkündete im ganzen Dorfe: «Ali Diejenige, wo Hönd händ, sölid Schnorebänder aalege!» (1838)

Als an der Hundwiler Landsgemeinde 1897 die Personal- oder Kopfsteuer à 2 Franken und die Hundesteuer à 6 und 8 Franken angenommen worden war, meinte einer: «Soo! Mer mönd etz gwöss nomme säge, mer seijd freij Schwitzer, wemm-me-n-efang de Chopf verstüüre mos!» Der Zweite: «Ischt denn dinn Chopf nüd zwee Franke werth?» Der Dritte: «Joo – no hööcher ui sött-me d Chopfstüür thue; mer sönd jo edeseweg onder-'m Hond.»

Als einer mit einer Hellebarde durch die Strasse ging, wurde er von einem Hunde angepackt, worauf jener diesen sofort mit der Hellebarde tötete. Der Richter sagte dem Angeklagten: «Ehr hätteid-au chöne mit dem Heft vo de Hellebaarte wehre, statt mit'm Spitz!» «Jo, ehr Here Richter, das hätt-i scho thue, wemm-mi de Hond mit'm Schwaanz hätt bysse wöle.» (1812)

Ein böses und hässliches Weib wurde von einem Hunde gebissen. Man stritt darüber, ob der Hund toll gewesen sei oder nicht: «Das lehrt goppel au der Augeschy! Wer bi dere-n-aabysst mues toll see.» (1856)

In Appenzell rannte ein Hund einem St. Galler in die Beine. Als er deshalb den Hundebesitzer schelten wollte, antwortete Sebadoni: «Wenn-t nüd zo öös choo wäärischt, ond so wäär-dr de Hond au nüd i d Bee gschosse.»

«Häscht au scho en Hond gseche mit fööf Bääner?» «Nää!» «J woll: s fööft häd-r i de Schnore gkaa.»

Überliefert von Alfred Tobler

Hofhund an der Gäbrisstrasse in Gais

Der Hund als Zugtier

Dass Hunde Gebrauchstiere waren, zeigt auch die folgende Episode. 1896 wurde im Ausserrhoder Regierungsrat eine Petition von zwölf Michlern in Teufen und vom Metzgerverein in Herisau behandelt, die die «Aufhebung des Verbotes betreffend Verwendung der Hunde als Zugtiere» forderte. Nach Prüfung der Petition und Einholung eines Gutachtens der Tierarzneischule in Zürich wurde beschlossen: «Es sei dem h. Kantonsrat zu beantragen, den §79 der Polizeiverordnung dahin abzuändern, dass lit. b desselben gestrichen und dafür als lezte Littera folgendes aufgenommen werde: Die Verwendung der Hunde als Zugtiere ist nur bedingt gestattet. Der Regierungsrat hat diesfalls nähere Vorschriften aufzustellen, wobei immerhin der Grundsaz des Tierschuzes bestmöglich berücksichtigt werden soll.»

Das von einer Spezialkommission entworfene Reglement betreffend die Verwendung der Hunde als Zugtiere wurde im Dezember vom Regierungsrat artikelweise durchberaten und genehmigt. Es trat mit dem 1. Januar 1897 in Kraft und sah vor, dass Bewilligungen zur Verwendung von Hunden beim Zuge beim Polizeiamte der Wohngemeinde einzuholen seien, dass

Appenzeller Sennenhunde als Zugtiere der Kleinbauern

Reglement
betreffend
die Verwendung von Hunden als Zugtiere
im
Kanton Appenzell A. Rh.
Vom Regierungsrate genehmigt den 22. Dezember 1896.

Der Regierungsrat
in Ausführung von § 79, lit. h der Polizeiverordnung
verfügt:

§ 1.

Wer Hunde als Zugtiere verwenden will, hat hiefür beim Polizeiamt der Wohngemeinde spezielle Bewilligung einzuholen.

§ 2.

Die Bewilligung darf nur erteilt werden, wenn durch ein tierärztliches Zeugnis nachgewiesen wird, daß die zu verwendenden Hunde gesund, normal und kräftig gebaut, gut genährt, mindestens 60 cm hoch (Schulterhöhe-Bandmaß) und über 2 Jahre alt sind.

§ 3.

Die Gültigkeitsdauer der Bewilligung erstreckt sich auf ein Jahr. Bei der Erneuerung sind die in § 2 gegebenen Vorschriften zu beobachten.

§ 4.

Die Polizeiämter haben über die von ihnen erteilten Bewilligungen eine besondere Kontrolle zu führen. In dieselbe ist unter fortlaufender Nummer einzutragen: Das Ausstellungsdatum, Name, Wohnort und Beruf der Inhaber, sowie Alter, Größe und Farbe der zur Verwendung gelangenden Hunde.

Die tierärztlichen Zeugnisse sind während Jahresfrist aufzubewahren.

Mit der Verbreitung des Tierschutzgedankens wurde die Verwendung der Hunde als Arbeitstiere geregelt

Nichtbeachtung der Vorschriften strafrechtlich verfolgt werde und dass bei wiederholten Ausschreitungen von Polizei wegen der sofortige Entzug der Bewilligung verfügt werden könne. Zughunde dienten Marktfahrern, Hausierern, Händlern und Bauern als «Zugpferde des kleinen Mannes». Sie gehörten um 1900 vor allem in Belgien und Holland, aber auch in der Schweiz, zum Strassenbild. Es waren in der Regel grosse Bastarde, die eingespannt wurden. Aus ihnen entwickelte man die Rassen Mâtin Belge und Vlaamscher Trekhond. Ein anderer, verbreiteter Arbeitshund war der Metzgerhund und der Chalberhund, die dazu benutzt wurden, Vieh zum Schlachten vom Land in die Stadt zu treiben.

Nächste Doppelseite: Für die Auftritte der Schaugruppe des Clubs für Appenzeller Sennenhunde trainieren Amadeus v. Appenzell und Arastina v. Buchenstock unter der Führung von Susanne Gysel

Der Appenzeller Sennenhund als Rassehund

Hunderassen sind Menschenwerk

Zur Welthundeausstellung 1979 in Bern wurde die Ausstellung «Vom Torfhund zum heutigen Rassehund» gezeigt. In der Begleitbroschüre zu dieser Ausstellung wird eine Hunderasse als eine Gruppe von Einzelhunden definiert, die «durch gerichtete menschliche Selektion im Hinblick auf ein gestelltes Endziel (Standard) in Bezug auf morphologische Merkmale, Leistungsfähigkeit und Psyche während mehreren registrierten Generationen gezüchtet worden sind. Am Ende soll für möglichst viele Merkmale Reinergiebigkeit (Homozygotie) erreicht werden, so dass sich die Rassenangehörigen durch den gemeinsamen Besitz bestimmter Eigenschaften von den anderen Artgenossen unterscheiden und diese Eigenschaften mit ziemlicher Sicherheit auf ihre unter gleichen Bedingungen aufwachsenden Nachkommen vererben. Eine Hunderasse ist das Resultat internationaler Konvention und Kooperation und ist nur durch internationale Zusammenarbeit erhaltbar.» Von Hunderassen spricht man dann, wenn ihre Existenz in Stamm- und Zuchtbüchern belegt ist.

Der international anerkannte Rassestandard der Fédération cynologique internationale FCI beschreibt detailliert die physischen und manchmal auch psychischen Eigenschaften, die Tiere als Angehörige einer Rasse zeigen sollten. Verfasser des jeweiligen Standards ist der Rassezuchtverein im Stammland der Rasse. Er ist der Leitfaden für Züchterinnen und Ausstellungsrichter. Für den Appenzeller Sennenhund gibt es seit 1914 einen von Albert Heim aufgestellten Rassestandard, der immer wieder angepasst wurde.

Rassestandards werden ständig kritisch überprüft, damit darin nicht Dinge gefordert werden, die unbiologisch und damit unsinnig sind. Weil es im Wesen alles Lebendigen liegt, sich stets zu verändern, muss das Papier auch regelmässig mit gegenwärtigen Vertretern der Rasse in Einklang gebracht werden. Dadurch wird verständlich, dass sich alte Vertreter einer Rasse deutlich von heutigen Tieren unterscheiden können.

Um eine neue Hunderasse zu bilden, gibt es drei Wege:

1. züchterische Förderung von sogenannten Originalimporten aus fernen Ländern – zum Beispiel Basenji;

2. Kreuzung bestehender Rassen – zum Beispiel Eurasier aus Chow Chow und Wolfsspitz;
3. züchterische Förderung eines lokal bekannten, alteingesessenen Hundeschlags.

Der Appenzeller Sennenhund und auch die anderen schweizerischen Sennenhunde wurden auf dem dritten Weg anfangs des 20. Jahrhunderts aus lokal bekannten Hundeschlägen heraus gezüchtet.

Was ist der Sinn der Rassezucht? Der Rassehund ist in den meisten Fällen nicht einfach «besser», klüger, anhänglicher, wachsamer als ein Mischlingshund. Aber im Rassehund stecken Eigenschaften, die man kennt, die urkundlich festgeschrieben sind. Der Hundehalter, die Hundehalterin weiss eher, woran sie mit ihrem Hund ist, was er liebt, was er fürchtet, wozu er sich brauchen lässt. Die Vorfahren eines Mischlings sind häufig unbekannt. Man kauft die Katze – oder in diesem Fall eben den Hund – im Sack. Die Rassehundezucht leistet ausserdem weltweit einen Beitrag, uraltes Kulturgut, zu dem die Hunde zählen, in seiner Vielfalt und Einzigartigkeit zu erhalten.

Ursprüngliches Erscheinungsbild

In seiner Gesamterscheinung hat der ursprüngliche Appenzeller Sennenhund dem heutigen Typ im Groben entsprochen. Dies belegen alte Schilderungen, Fotografien und Mitteilungen von Züchtern. Es gab vor der Reinzucht Variationen in Format, Körperproportionen und vor allem in Behaarung und Farbe. Äusserlich betrachtet hatte der untersetzte, unausgeglichene Hund mit schlechtem Behang, wenig modelliertem Kopf und unregelmässig getragener Rute nicht viel Bestechendes an sich. Grenztypen, die mehr an Grosse Schweizer Sennenhunde erinnerten, und Miniaturen, welche beinahe jagd-

Appenzeller Sennenhund aus der Anfangszeit der Rassezucht

hundähnlich wirkten, waren keine Seltenheit. Die walzenförmige Rumpfpartie war gegenüber heute mehr in die Länge gezogen. Der wenig markante Kopf wirkte oft unproportioniert, war oft zu lang, zu schwer oder zu leicht, mit einem spitzartigen Einschlag. Die kurzen, häufig zu tief angesetzten Ohren wurden meist schlecht getragen, was mit dem stark gewölbten Hinterkopf zusammenhing. Oft wirkten die fleischigen Ohren zu schwer. Vorbeisser mit schwachem Gebiss waren häufig. Die heute typische Ringelrute trat erst allmählich auf: Früher wurde sie auf alle Arten getragen, meist einfach über den Rücken geschlagen. Die meisten Hunde hatten

Frisch-Multis
S.H.S.B. 13516

Prinz v. Triengen,
sein Besitzer war
Josef Gmünder

im Verhältnis zu ihrem Rumpf zu leichte Gliedmassen. Stellung und Gang waren in der Regel korrekt. Doch die meisten Tiere trugen an ihren Hinterläufen einfache oder doppelte Afterkrallen. Neben den glatt- oder stockhaarigen waren ganz vereinzelt auch lang- oder rauhhaarige Hunde anzutreffen.

Die Mehrzahl zeigte schon die typische Dreifarbigkeit, auch wenn sie nicht immer die Reinheit von heute erreichte. Der schwarze Mantel war oft matt, ohne besonderen Glanz und reichlich mit graubrauner Unterwolle durchwirkt. Die fahlgelben Verbrämungen waren verwaschen, und die weissen von schwarzen und braunen Tupfen durchsetzten Abzeichen dominierten häufig. Wie Albert Heim 1919 berichtete, besass der Appenzeller Sennenhund von allen Sennenhunden am meisten weisse Abzeichen. In der Regel bildete sich vom Brustlatz aus ein mehr oder weniger breiter Halskragen, der öfters auch auf die Vorderläufe übergriff oder sich bis zu den Hinterläufen ausdehnte.

Fast jedes Jahr versammelte Josef Anton Gmünder als erster Klub-Präsident die rassereinen Appenzeller Sennenhunde zu Vorschauen, um die Besitzer über das Zuchtziel aufzuklären und sie vor unnötigen Ausstellungsteilnahmen zu bewahren. Manchmal fanden unter der Leitung von Albert Heim klubintern Sonderausstellungen statt, um über nutzbringende Paarungen zu diskutieren und Zuchtziele festzulegen.

Heutiges Erscheinungsbild

Der rassereine Appenzeller Sennenhund, wie er heute bekannt ist, ist das Resultat der züchterischen Bemühungen seit dem Beginn des 20. Jahrhunderts. Alle rund 320 Hunderassen, die weltweit durch die Fédération cynologique internationale anerkannt sind, sind einem Ursprungsland zugeordnet. Aus der Schweiz stammen sieben Rassen: vier Sennenhundrassen, eine Rasse grosser Berghunde (St. Bernhardshund) und zwei Rassen Jagdhunde (Schweizer Laufhunde und Schweizerische Niederlaufhunde). Der Standard einer Rasse ist die Beschreibung des Idealtypus eines Vertreters der Rasse.

Celso v. Brünggberg

FCI-Standard Nr. 46
Appenzeller Sennenhund

Ursprung: Schweiz

Datum der Publikation des gültigen Originalstandards: 8. April 1993.

Verwendung: Treib-, Hüte, Wach-, Haus- und Hofhund. Heute auch vielseitiger Arbeits- und Familienhund.

Klassifikation FCI: Gruppe 2 (Pinscher und Schnauzer, Molosser und Schweizer Sennenhunde). Sektion 3 (Schweizer Sennenhunde, ohne Arbeitssprüfung).

Allgemeines Erscheinungsbild: dreifarbiger, mittelgrosser, fast quadratisch gebauter Hund, in allen Teilen harmonisch

Cresta v. Juraräsli

*** Damin v. Brünggberg | CH:549848

Land CH | StB_Nr 549848 | Name *** Damin | Zwinger_ID Brünggberg

Sex M | GebDat. 16.01.1997 | T.Dat | Alter 2.4 | ZuchtTier Ja | Zucht.OK Ja

Besitzer_ID 3 | Lutz Rosmarie | Urnäsch | G: 071 242 69 30 Tel. Priv. 0043 55 7871339

Leistung | angekört 11.10.1998 | Gr. 55 | Code | Bem AQ: Vorzüglich

BelegDat | WurfDat | Trächtig.D | Taeto.Dat

HD	ED	KR	pe.AOb	Geb/entz.	Enuresis	fehl Farbe	Langhaar	Med.Pat.L	Hodenent
C/C	0/0								

InzuchtGrad 0 %

Erbf_Traeger

Taeto_Nr 549848

jährliche Daten	1	2	3	4	5	6	7	8	9	10
Wurfgrösse										

Vorfahren (3 Generationen)

V CH:459777 SH, San. Aron v. Chäppeliacker	VV Cäsar v. Unterrain	VVV	Baron v. Mutzgraben
		VVM	Heidi v. Fürstenland
	VM Zöierli v. Bärgfrüehlig	VMV	Dursli v.d. Gartegg
		VMM	Cécile v. Gheibach
M CH:487237 Culla v.d. Erftquelle	MV Asterix v.d. Erftquelle	MVV	Breesgatas- Helvetier Ulf
		MVM	Ellen vom Fuggermarkt
	MM Celest v. Aiar	MMV	Pedro v.T. Wachtersheim
		MMM	Cilli v. Rietboden

direkte Nachkommen	ID	Vater	Mutter

Beurteilung

Gesamt Eindruck vorzüglich, Vorne etwas bodeneng, alles in allem ganz typischer Rüde.

AQ Wesen: 62 Punkte = *** vorzüglich

Zuchtempfehlung

Stammbaum von Damin v. Brünggberg

ausgeglichen, muskulös, mit pfiffigem Gesichtsausdruck.

Wichtige Massverhältnisse: Widerristhöhe zu Körperlänge = 9:10, eher gedrungen als lang. Fanglänge zum Oberkopf = 4:5.

Verhalten und Charakter (Wesen): lebhaft, temperamentvoll, selbstsicher und furchtlos. Leicht misstrauisch gegenüber Fremden; unbestechlicher Wächter; freudig, lernfähig.

Kopf: harmonisches Grössenverhältnis zum Körper, leicht keilförmig.

Oberkopf: ziemlich flach, am breitesten zwischen den Ohren, zum Fang hin sich gleichmässig verjüngend. Hinterhauptbeinhöcker sehr wenig ausgeprägt. Stirnfurche mässig ausgebildet.

Stop: Stirnabsatz wenig ausgeprägt.

Gesichtsschädel: Backen kaum ausgeprägt.

Fang: mittelkräftig, gleichmässig sich verjüngend, mit kräftigem Unterkiefer. Nasenrücken gerade.

Stammbaum von: *** **Damin v. Brünggberg** * 16.01.1997 Appenzeller 11.06.1999

Besitzer/in: Lutz Rosmarie Befang 467 9107 Urnäsch G: 071 242 69 30

Züchter/in: Meier-Fritsche Doris Brünggen 8483 Kollbrunn 052 / 383 13 12

V			Beat v. St. Johannsen († 81)	Viktor v.d. Gartegg	CH:139343
		Baron v. Mutzgraben († 91)	CH:178787	Nora v. St. Johannsen	CH:146205
		#CH:304607	Bella v. Buchholz († 90)	Ami v. Brandösch († 90)	CH:151470
	Cäsar v. Unterrain		CH:238390	Ella v.d. Bärgarve († 84)	CH:209884
	CH:324801		Arno v. Dreibünden († 83)	Arro v. Dreibünden († 90)	CH:158573
		Heidi v. Fürstenland († 88)	#CH:196961	Cäcilia v.d. Spitzenegg	CH:183094
		CH:265385	Zenta v. Calanda († 90)	Lord v.d. Steig († 82)	CH:187814
Aron v. Chäppeliacker			#CH:235836	Bethli v. Grindeln	CH:185422
CH:459777, SH, San.			Aldor v. Brühlwald († 91)	Alex v.d. Schafflue	CH:234597
		Dursli v.d. Gartegg († 93)	CH:312158	Anita v. Sprützli	CH:286981
		CH:346305	Bella Hinterschwendi († 87)	Alex v. Schweikhof	#CH:227685
	Zöierli v. Bärgfrüehlig († 86)		CH:262397	Bella v.d. Stöcklimatt	CH:190203
	CH:412238		Ali v. Moos († 92)	Arno v. Hölzlisberg († 88)	#CH:276716
		Cécile v. Gheibach († 94)	CH:321991	Cilla v.d. Loos († 90)	CH:298135
		CH:350954	Burga v. Gheibach († 91)	Beni v. Schlösslihof († 87)	#CH:257468
			CH:307922	Zenta v. Calanda († 90)	#CH:235836
M			Caro v.d. Webern († 90)	Arno v. Dreibünden († 83)	#CH:196961
		Breesgatas- Helvetier Ulf († 95)	CH:287817	Almi v.d. Loos († 87)	CH:254052
		NL:498377	Bijou v. Gheibach († 91)	Beni v. Schlösslihof († 87)	#CH:257468
	Asterix v.d. Erftquelle		CH:307921	Zenta v. Calanda († 90)	#CH:235836
	DE:AS 18135		Hektor v. Steinboden	Falk v. Gheibach († 81)	CH:291836
		Ellen vom Fuggermarkt	CH:337106	Flora v. Steinboden († 91)	CH:315781
		DE:AS 15151	Anita v. Rietboden	Cäsar v. Buchenstotz († 91)	CH:320360
Culla v.d. Erftquelle			CH:354878	Diana v. Schlösslihof († 92)	#CH:324817
CH:487237			Alex v. Schweikhof	Baldo v.d. Ilfis († 81)	CH:177440
		Pedro v.T. Wachtersheim († 90)	#CH:227685	Nolti v.d. Gartegg († 83)	CH:190980
		NL:1005177	Niki v.T. Wachtersheim	Maxim v.d. Weide († 83)	NL:539292
	Celest v. Aiar		NL:616765	Miggi v.T. Wachtersheim († 83)	NL:531503
	CH:428666		Karo v. Gontenhof	Baron v. Mutzgraben († 91)	#CH:304607
		Cilli v. Rietboden († 95)	CH:339322	Gandra v. Fürstenland († 85)	CH:224431
		CH:381326	Diana v. Schlösslihof († 92)	Arno v. Hölzlisberg († 88)	#CH:276716
			#CH:324817	Blanka v.d. Webern († 89)	CH:290487

Legende:
= kommt im Stammbaum mehrfach vor
† = gestorben

Nase: beim schwarzen Hund: schwarz. Beim havannabraunen Hund: braun (möglichst dunkel).

Lefzen: trocken und anliegend, beim schwarzen Hund schwarz, beim havannabraunen Hund braun (möglichst dunkel) pigmentiert.

Gebiss: kräftiges, vollständiges und regelmässiges Scherengebiss; Zangengebiss toleriert. Ein fehlender oder doppelter PM I (Prämolaren 1) und das Fehlen der M3 (Molaren 3) toleriert.

Auge: ziemlich klein, mandelförmig, nicht vorstehend, etwas schräg gegen die Nase gestellt, Ausdruck lebhaft.

Farbe: beim schwarzen Hund dunkelbraun; braun, beim havannabraunen Hund helleres Braun, aber so dunkel wie möglich.

Augenlider: gut anliegend, beim schwarzen Hund schwarz, beim havannabraunen Hund braun (möglichst dunkel) pigmentiert.

Ohren: ziemlich hoch und breit angesetzt, hängend, in Ruhestellung flach und an den Backen anliegend getragen; dreieckig, an der Spitze leicht abgerundet. Bei Aufmerksamkeit am Ansatz angehoben und nach vorne gedreht, so, dass von vorne und oben gesehen, der Kopf mit den Ohren ein auffälliges Dreieck bildet.

Hals: mittellang, kräftig, trocken.

Körper: kräftig, kompakt.

Rücken: massig lang, fest und gerade.

Kruppe: kurz, in Fortsetzung der Rückenlinie gerade verlaufend.

Brust: breit, tief, bis zu den Ellenbogen reichend, mit deutlicher Vorbrust, Brustbein genügend weit nach hinten reichend. Rippenkorb von rundovalem Querschnitt.

Lendenpartie: kurz und gut bemuskelt.

Bauch: nur wenig aufgezogen.

Rute: hoch angesetzt, kräftig, von mittlerer Länge, dicht behaart, Haare an der Unterseite etwas länger. In der Bewegung eng über die Kruppe gerollt, seitlich oder in der Mitte getragen.

Gliedmassen: kräftiger Knochenbau.

Vorderhand:

Allgemeines: gut bemuskelt, Stellung von vorne gesehen gerade und parallel, nicht zu eng.

Zom e rechte Hond ghört en rechte Schwanz!

Appenzeller Redensart

Ringelschwanz

Als ein St. Galler Metzger mit seinem sehr hübschen, schwarz-, weiss- und gelbgezeichneten Entlebucher Stummelschwanz einen appenzellischen Markt besuchte, rotteten sich einige Bauern um ihn zusammen und schimpften: «Du bischt jetz scho de trürigst Mensch, wo uf Gottes Erdbode omenand lauft. Amene derige schöne Höndli de Schwanz abhaue, wo jo grad de schönst Täl am ganze Tier ischt!» Als sich der Metzger ausreden wollte, der Stummelschwanz sei seinem Hunde angeboren, ertönte ein höllisches Gelächter. Solche Witze, rieten sie ihm, möge er denen von Zürich und St. Gallen erzählen, aber nicht Appenzellern.

Bernhard Kobler in der NZZ vom 4.3.1930

Walli v. Kasamandl, Damin v. Brünggberg, Erla v. Harztanne und Moni v. Hölzlisberg

Schulter: Schulterblatt lang und schräg liegend.

Oberarm: gleich lang oder nur wenig kürzer als Schulterblatt; Winkel zum Schulterblatt nicht zu stumpf. Ellbogen gut anliegend.

Unterarm: gerade, trocken.

Vordermittelfuss: von vorne gesehen in geradliniger Fortsetzung des Unterarms; von der Seite gesehen ganz leicht abgewinkelt.

Pfoten: kurz, gewölbt und geschlossen.

Hinterhand:

Allgemeines: gut bemuskelt, Stellung von hinten gesehen gerade und parallel, nicht zu eng.

Oberschenkel: ziemlich lang, zum Unterschenkel hin einen offenen Winkel bildend, in Harmonie mit der Winkelung der Vorderhand.

Unterschenkel: etwa gleich lang oder nur wenig kürzer als der Oberschenkel. Winkel zum Oberschenkel nicht zu stumpf. Trocken und gut bemuskelt.

Sprunggelenk: relativ hoch angesetzt.

Hintermittelfuss: senkrecht und parallel gestellt, weder ein- noch ausgedreht. Afterkrallen müssen entfernt sein.

Pfoten: kurz, gewölbt und geschlossen.

Gangwerk: Kräftiger Schub, weiter Vortritt. Im Trab, von vorne und von hinten gesehen, geradlinige Gliedmassenführung.

Haarkleid: Stockhaar, fest und anliegend.

Beschaffenheit des Haares: Deckhaar dicht und glänzend. Unterwolle dicht, schwarz, braun oder grau; Durchscheinen der Unterwolle unerwünscht. Leicht gewelltes Haar nur auf Widerrist und Rücken toleriert, aber unerwünscht.

Farbe und Zeichnung: Grundfarbe schwarz oder havannabraun, mit symmetrischen rostbraunen und weissen Abzeichen. Kleine rostbraune Abzeichen (Flecken) über den Augen. Rostbraune Abzeichen an den Backen, an der Brust (links und rechts, im Bereich des Schulter-Oberarm-Gelenkes) und an den Läufen, wobei das Rostbraun stets zwischen Schwarz bzw. Havannabraun und Weiss liegen muss.

Weisse Abzeichen: gut sichtbare, weisse Blässe, die vom Oberkopf ohne Unterbrechung über den Nasenrücken zieht und die Schnauze ganz oder teilweise umfassen kann. Weiss vom Kinn über Kehle ohne Unterbrechung bis zur Brust. Weiss an allen vier Pfoten. Weiss an der Rutenspitze. Weisser Nackenfleck oder halber Halsring toleriert. Durchgehender dünner, weisser Halsring zwar toleriert, aber nicht erwünscht.

Grösse: Widerristhöhe: Rüde: 52 bis 56 cm, Toleranz 50 bis 58 cm. Hündin: 50 bis 54 cm, Toleranz 48 bis 56 cm.

Fehler: Jede Abweichung von den vorgenannten Punkten ist als Fehler anzusehen. Dessen Bewertung muss im Verhältnis zum Grad der Abweichung stehen und mitberücksichtigen, inwieweit Wesentliches beeinträchtigt ist.

- mangelndes Geschlechtsgepräge
- Unter- und Übergrösse (bezüglich Toleranzangaben)
- sehr langes oder unharmonisches Gebäude
- sehr schwerer oder sehr leichter Kopf
- runder Oberkopf
- zu stark ausgeprägter Stop
- zu lange, zu kurze, dünne, spitze Schnauze; Ramsnase
- zu stark ausgebildete Lefzen
- Fehlen von mehr als einem PM1 (Prämolar 1)
- Vor- und Rückbiss
- zu stark vortretende Backen
- runde, hervorstehende oder zu helle Augen
- Entropium, Ektropium

Toggo v. Steinboden, Cresta v. Juraroösli und Finette v. Buchenstock

- zu kleine, zu grosse, abstehende, zu hoch bzw. zu tief angesetzte Ohren
- Senkrücken, Karpfenrücken, überbaute Kruppe
- aufgezogener Bauch
- flacher oder zu tonnenförmiger Brustkorb, fehlende Vorbrust, zu kurzes Brustbein
- weiche Vorderfusswurzelgelenke
- länglich-ovale Pfoten (Hasenpfoten), gespreizte Zehen
- ausgedrehte Ellenbogen
- ungenügende Winkelung der Vorder- und/oder der Hinterhand
- Kuhhessigkeit
- Sichelrute
- unkorrekter Bewegungsablauf, z. B. kurztrittig-stelzend, bodeneng, überkreuzend usw.
- Zeichnungsfehler: schwarze Tupfen im Weiss, unterbrochene Blässe, durchgehender breiter, weisser Halsring, unterteiltes Weiss an der Brust, deutlich über die Vorderfusswurzel reichendes Weiss (Stiefel), fehlendes Weiss an den Pfoten und an der Rutenspitze
- Wesensschwäche, Temperamentlosigkeit, Aggressivität

Von der Bewertung ausschliessende Fehler:

- blaues Auge, Birkauge
- eindeutige Hängerute, Knickrute
- andere Haarart als Stockhaar
- fehlende Dreifarbigkeit
- anders farbig als schwarz bzw. havannabraun

NB. Rüden müssen zwei offensichtlich normal entwickelte Hoden aufweisen, die sich vollständig im Skrotum befinden.

Quecksilbriges Temperament

Bei der Rassezucht hat neben der äusseren Erscheinung auch das Wesen eines Hundes grosse Bedeutung. Die Psyche eines Individuums, sei es Mensch oder Tier, äussert sich in den angeborenen, ererbten und den im Leben erworbenen Wesenseigenschaften. Das Wesensbild einer Rasse zu umschreiben, ist wegen der zahllosen individuellen Varianten normalerweise nicht einfach. Beim Appenzeller Sennenhund waren die Schwierigkeiten jedoch geringer, weil er in seinem angestammten Lebensraum, dem Bauernhof, meist sehr natürlich gehalten wurde und seine angeborenen Wesenszüge kaum durch Dressureinwirkungen beeinflusst waren. Bei der Auslese der Zuchttiere wurde von Anfang an Leistungszucht betrieben, durch die die erwünschten Wesenseigenschaften erblich fixiert wurden. Das Exterieur war den Züchtern nicht so wichtig. Sie schauten vor allem auf die Gebrauchstüchtigkeit der Hunde.

Der auf landwirtschaftlichen Betrieben aufgewachsene Hund fand dort das Milieu, das seinem Wesen entsprach. Er wurde kaum verwöhnt und verweichlicht. Er war weitgehend sich selbst überlassen und erfuhr nur ein Minimum an Abrichtung. Da er einen sehr ausgeprägten Meutetrieb besitzt, fühlte er sich seit jeher eng an seinen Meister, dessen Familie und an Haus und Hof gebunden. Er ist für jedes Zeichen der Zuneigung empfänglich und schliesst sich deshalb gern Frauen und Kindern an, deren Liebkosungen er schätzt. Unermüdlich springt er an ihnen hoch und verleiht seiner Freude stürmisch wedelnd Ausdruck. In solchen Augenblicken kommt das für den Appenzeller Sennenhund typische, äusserst lebhafte, oft geradezu quecksilbrige Temperament zum Ausdruck. Seine psychische Beweglichkeit und seine gute Beobachtungsgabe befähigen ihn, sich den Gepflogenheiten seiner Halterin und seines Halters gut anzupassen. Er beobachtet stets scharf Mienenspiel und Körpersprache und leitet daraus ab, ob sein Verhalten Gefallen findet oder nicht.

Die Hündin ordnet sich meist leichter unter als der Rüde und bereitet deshalb bei der Erziehung kaum besondere Schwierigkeiten. Dem Junghund kann sein überbordendes Temperament leicht einmal durchgehen. Doch mit zuneh-

Cresta v. Juraröslі

mendem Alter wird auch der Appenzeller Sennenhundrüde ruhiger und gemessener. Kurze Befehle genügen meist. Strafe ist nur hin und wieder nötig; harte Strafen erträgt er nicht gut. Stets rohe Behandlung machen ihn scheu oder aggressiv. Die Kette oder der Zwinger sind keine geeigneten Haltungsformen für diesen Hund. Als Ketten- oder Zwingerhund wird der Appenzeller zu einem unberechenbaren und hinterlistigen Tier, das Unbekannte und manchmal auch Bekannte anknurrt oder beisst.

Weil der Appenzeller Sennenhund vor der Rassezucht vor allem auf abgelegenen Höfen gehalten wurde, hat er bis heute einen ausgeprägten Wachtrieb bewahrt und zeigt gegenüber Fremden Zurückhaltung bis offenes Misstrauen. Unbestechlich und ausdauernd, jedem Annäherungsversuch trotzend, verbellt er auf seinem Hof jeden Fremden, bis sein Besitzer ihm Einhalt gebietet.

Die Stärke des Appenzeller Sennenhunds liegt in der Schnelligkeit und Gewandtheit seiner Bewegungen, die sich in seinen geschickten und elastischen Ausweichmanövern besonders schön zeigt. Eine Fähigkeit, die er sich als Treibhund im Umgang mit den ihm körperlich überlegenen Rindern und Kühen erworben hat. Heute lebt er diese Seite als Begleiter beim Joggen, auf Wanderungen, beim Radfahren, auf Bergtouren oder bei Spiel und Sport aus.

Der Appenzeller besitzt wie alle anderen Sennenhunde einen ausgeprägten Hütetrieb. Der Treibhund betrachtet jedes Stück Vieh als Glied seiner Meute, in der er seine soziale Stellung zu verteidigen sucht. Wer sich aus dem Rudel entfernt, den holt der Hund zurück. Dieses Verhalten ist angeboren und im ererbten Instinktschema verankert. Wo es fehlt, lässt es sich durch Abrichtung kaum erzeugen. Vom ungarischen Pulli wird gesagt: «Der ererbten Treibfähigkeit muss höchstens in ihrer Entwicklung nachgeholfen oder etwaige Korrekturen unerwünschter Handlungen angebracht werden. Von einer dressurmässigen Abrichtung zum Treiben kann nicht die Rede sein.» Dasselbe gilt für den Appenzeller Sennenhund.

Seine Arbeitsfreude, Ausdauer und Beweglichkeit wird bei einem Arbeitseinsatz deutlich. Sobald er aus den Bewegungen seines Meisters merkt, dass er in Aktion treten darf, gerät er in eine Unruhe, die sich in unterdrücktem Winseln und Hin- und Herlaufen Ausdruck verschafft. Dieselbe verhaltene Erregung zeigt er auch, wenn ihm der Bauer beim Treiben des Viehs ein Zugreifen verbietet. Dank seiner Beobachtungsgabe weiss er das Benehmen der Einzeltiere einer Herde zu deuten und greift oft schon dann ein, wenn sich ein Tier erst anschickt, eigene Wege zu gehen.

Auf einem bäuerlichen Betrieb fehlt es dem Appenzeller Sennenhund selten an Beschäftigung. Wenn er nicht zum Treiben eingesetzt ist, begleitet er seine Bezugsperson oder bewacht den Hof. Wenn es ihm langweilig ist, verfällt er, wie jeder zur Untätigkeit verurteilte Gebrauchshund, auf häufig unerwünschte Zeitvertreibe wie Streunen oder Zernagen und Zerkratzen von Gegenständen aller Art.

Der Appenzeller Sennenhund stellt von seinem Naturell her einige Ansprüche an seine Meistersleute. Er braucht Meister, die gerne mit ihm unterwegs sind und Zeit für ihn haben. Er braucht eine konsequente Haltung und viel Zuwendung. Wo diese Voraussetzungen gegeben sind, erweist sich der Appenzeller Sennenhund als intelligent, gesund, langlebig und schön. Er ist ein Multitalent und ein unkomplizierter Fresser. Seine Cleverness hat aber auch ihre Tücken: Er nützt mangelnde Erziehung sofort aus.

Der reinrassige Appenzeller Sennenhund ist heute vor allem ein Familienhund. Viele Hunde leben in nicht-bäuerlichen Haushalten und in der Stadt. Anstelle der Arbeit auf dem Hof ist dort das Spiel, das Laufen und der Hundesport getreten.

Von Menschen und ihren Appenzeller Sennenhunden

Ausgerechnet ein Appenzeller! Wieso ausgerechnet ein Appenzeller? Diese Frage musste ich mir oft gefallen lassen, als ich meinen Eltern, Freunden und Bekannten erzählte, dass ich gedenke, mir einen Appenzeller Sennenhund zu kaufen. Meine Antwort wurde gar nicht abgewartet, sondern es wurden mir alle Nachteile (Vorurteile?!) dieser Rasse aufgezählt, wie «giftiger, bissiger Hund, der andauernd bellt» etc. Und überhaupt, ein Labrador oder Golden Retriever wäre eine viel bessere Wahl für mich. Ich muss dazu erwähnen, dass ich körperbehindert bin, was sich unter anderem in einer Gehunsicherheit äussert.

Aber ich wollte einen Appenzeller Sennenhund. Nach dem Studium vieler Bücher über diverse Hunderassen kam ich zum Entschluss, dass dies die richtige Hunderasse für mich sei. Wichtig waren für mich folgende Eigenschaften des Hunds: Er darf nicht zu gross sein, damit ich ihn noch «bändigen» kann; er soll nicht jagen; er muss ein guter Wächter sein; er soll Temperament haben, damit ich mit ihm arbeiten kann (ich dachte an Agility); er muss kurze Haare haben und pflegeleicht sein; er soll kein verzüchteter Modehund sein und eine gute Gesundheit haben; er soll ein Hund sein, der noch zur Arbeit gebraucht wird; er soll hier in der Schweiz zu kaufen sein (kein Exot).

Mit Hilfe der Wurfliste des Schweizerischen Clubs für Appenzeller Sennenhunde kaufte ich die Hündin Freia Harztanne.

Als Freia zwölf Wochen alt war, besuchten wir einen Erziehungskurs. Zuerst war Freia scheu und wollte nicht mit den anderen Hunden spielen, sie lief mir immer nach. Mit der Zeit wurde sie sicherer und bekam Freude am Spiel mit den anderen Hunden. Nach einigen Wochen wollte sie im Kurs nur noch spielen und nicht schön an der Leine bei Fuss gehen, schon gar nicht Sitz oder Platz machen und warten. Sie wurde immer übermütiger und temperamentvoller und von Seiten der Erziehungskursleiter hiess es wieder: «Das ist die falsche Rasse für dich, ein Labrador würde besser zu dir passen ...» Und ich war nahe daran zu glauben, dass ich die falsche Hunderasse hätte, denn die anderen Junghunde gingen scheinbar brav Fuss, nur Freia war eine Wildsau. Heute, nachdem ich mit ihr die Begleithunde-Prüfung drei (BH3) erfolgreich abgelegt habe, sehe ich das etwas anders: Freia hatte einfach ein wenig länger, bis sie begriff, dass bei Fuss gehen nicht heisst, die Hundeführerin durch die Gegend zu ziehen und den Boden abzuschnüffeln. *Renate Carigiet, Grenchen*

Der vergoldete Fünfliber Ein Tag vor Heiligabend kam ich in vorweihnachtlicher Stimmung nach Hause. Mit einem Fünf-Franken-Stück in der Hand sagte ich zu meiner Frau: «Wenn Firn – unser Appenzeller Sennenhund – dir das Fünf-Franken-Stück fehlerfrei apportiert, gehört es dir!»

Bis zum Befehl «Aus!» ging alles gut: Statt in der Hand meiner Frau landete die Münze im Magen unseres Hundes. Jetzt musste gehandelt werden und schon fünf Minuten später war ich in der Praxis des Tierarztes. Trotz einer Spritze und anschliessendem Erbrechen blieb das Geld, wo es war. Abwarten und Kontrollieren war alles, was wir in den nächsten Tagen tun konnten. Nichts, aber auch gar nichts geschah. Der Hund war munter und frass und hatte nicht die geringsten Beschwerden. Der Tierarzt hatte uns beruhigt: Was vorne rein geht, kommt hinten wieder raus. Ich war mir aber nicht so sicher.

Fünf Tage später suchte ich wegen eines Rückenleidens meinen Hausarzt auf und erzählte ihm den Vorfall, für den er sich als Tierfreund sehr interessierte. «Holen Sie ihn herein. Wir stellen ihn unter den Röntgenapparat, dann sehen wir, wo die Helvetia jetzt liegt!», war seine Antwort. Schon einige Sekunden später sahen wir den Fremdkörper am Darmeingang liegen. Mir war der Ernst der Lage klar und ich eilte sofort nach Hause und meldete dem Tierarzt telefonisch, wo die Münze sich befand.

Er erkundigte sich im Tierspital Zürich und gab mir Bescheid, mich sofort mit dem Hund dort hinzubegeben, ohne dass sich die Lage der Münze verändert! Das war drei Tage vor Silvester. Nach einer Stunde Autofahrt, ungefähr um elf Uhr, erreichte ich mein Ziel. Schweren Herzens vertraute ich Firn im Tierspital dem Arzt Doktor Tobler an. «Um 16 Uhr können Sie ihn wieder abholen», sagte er mir.

Punkt 16 Uhr war ich wieder zur Stelle. Man übergab mir das Fünf-Franken-Stück, das mir wie vergoldet erschien. «Das war eine schwierige Angelegenheit», sagte der Arzt, der die

INTERNATIONALE HUNDEAUSSTELLUNG
ST.GALLEN 1969

Prämiierungsausweis
Diplôme

Überreicht von der
Schweizerischen Kynologischen Gesellschaft SKG

Offert par la Société Cynologique Suisse SCS

Rasse / Race	App.Sennenhund
Name des Hundes / Nom du chien	Firn v.Dreibünden
Klasse / Classe	OK
Katalog Nr. / No. du catalogue	12
SHSB Nr. / LOS No.	158 577
Qualifikation / Qualification	Vorzüglich
Eigentümer / Propriétaire	E.Leu,Bubikon

Ausstellungsleitung
Präsident / Président

Direction de l'Exposition
Sekretär / Secrétaire

Münze mit einer fünfzig Zentimeter langen Zange aus dem Magen von Firn gefischt hatte. Eine Meisterleistung!

Von der Narkose noch etwas geschwächt gaben mir die Wärter meinen Kameraden zurück. Ich wollte ihn zum Auto tragen, doch da biss der Hund wild um sich. Erst meiner Frau gelang es, ihn wieder zu beruhigen. Nach einer ruhigen Nacht vor meinem Bett liess Firn sich ein leichtes Frühstück gut schmecken. *Ernst Leu, Bubikon*

Nicht nachtragend Unser Brano ist ein problemloser, gesunder und sehr anhänglicher Hund. Ist er wegen unseren Auslandferien in seinem guten Hundeheim, war er noch nie nachtragend und er versteht sich auch mit den anderen Vierbeinern sehr gut.

Unsere beiden Söhne sind mit ihm aufgewachsen und der Appenzeller ist der ideale Familienhund. Ausserdem ist er mit seinem Gebell ein guter Wächter des Hauses und die meisten Besucher erleben die ersten fünf Minuten als Panik und Angst, bis sich Brano beruhigt hat und die Leute akzeptiert.

Beim Tierarzt waren wir bisher nur zum Impfen, und wir können mit gutem Gewissen sagen, dass diese Rasse zum Glück noch nicht vermarktet ist und die Gesundheit der Appenzeller hervorragend ist. Wir hoffen, dass wir unseren Hund – der letzte wurde 13 Jahre alt – noch einige Jahre behalten können. *Herbert Honegger, Dietikon*

Bläss als Kopfkissen Als vor etwa zwanzig Jahren meine Frau und ich es noch wagten, unseren jetzt bereits 1,89 m grossen Sohn «Peterli» zu nennen, gehörte auch ein Appenzeller Sennenhund zu unserem Familieninventar. Peterli – wie lieb er auch sonst war – behagte es nicht besonders, nach dem Mittagessen in sein Bettchen schlafen gelegt zu werden. Er versuchte mit seinem Dauergebrüll offensichtlich ins Guinness-Buch der Rekorde zu gelangen. Als sich Eltern sowie der ältere Bruder mit der Zeit an Peterlis Galavorstellung zu gewöhnen drohten, blieb an einem für das Familienleben erfreulichen Tag der Soloauftritt aus. Entrüstet eilten wir ins Zimmer, und siehe da: Peterli lag am Boden und schlief den Schlaf des Gerechten, wobei der Bläss sich mit sichtlicher Freude als Kopfkissen zur Verfügung gestellt hatte. Er blinzelte uns spitzbübisch an, als ob er sagen wollte: «Jetzt habt ihr Ruhe! Verschwindet nur, ich passe schon auf!»

Peterli und sein bester Freund wiederholten diese Prozedur noch sehr lange, und die übrigen Familienmitglieder wurden nie mehr der Gefahr von Hörschäden ausgesetzt.

Appenzeller Volksfreund, 2.9.1987

Gut beschützt Es waren genau zwei Jahre und drei Tage vergangen, dass unsere Culla, eine liebenswerte und brave Hündin, bei uns lebte. Sie liess sich immer von jedermann alles gefallen und zeigte niemals Aggressivität gegenüber fremden Menschen, Kindern oder Tieren.

Nun, an jenem Abend schauten mein Mann und ich im Fernsehen die Tagesschau. Mein Mann nimmt einen Meterstab in die Hand, holt aus und will damit die auf meinem Bein sitzende Fliege erschlagen. Er kommt aber nicht dazu. Die bis dahin friedlich neben mir schlafende Culla fährt wie ein Blitz dazwischen und «entwaffnet» meinen Mann. Mit gebleckten Zähnen, drohendem Knurren und stechendem Blick fixiert Culla Paul. Nach dem ersten Schrecken nimmt Paul langsam seinen Arm herunter. Culla beruhigt sich sofort, schaut mich an und legt sich wieder hin. Ich streichle sie. Wir waren von der heftigen Reaktion der Hündin angenehm überrascht, hielten wir sie doch bis anhin für einen gutmütigen «Tscholi».

Doris Meier, Kollbrunn

Hündin Fanny im Konflikt mit Ganter Martin

In einer verzwickten Lage An einem schönen Sommertag ging unser aggressiver Ganter Martin auf unsere Hündin Fanny los. Sie wusste, dass sie die Gänse in Ruhe lassen muss. Aber in dieser Notsituation konnte sie nicht anders, als sich wehren. Der Schnellere gewinnt. Fanny schnappte den Ganter am Hals und hielt ihn fest. Genügend lange, dass meine Tochter den Fotoapparat einstellen konnte.

Fanny hat sich wahrscheinlich krampfhaft überlegt, wie die verfahrene Situation zu retten sei. Beissen darf sie nicht und loslassen geht auch nicht. Was tun? Nach etwa drei Minuten hat sie dann doch losgelassen und ist wie verrückt weggerannt und in ihrer Hütte verschwunden. Martin hat sich geschüttelt und ist noch ein Stück hinter ihr hergerannt. Dann liess er seine Wut an uns aus. *Doris Meier, Kollbrunn*

Aus einem Hundetagebuch Ich war eine lebhaft junge Hündin und hatte eine Schwester im gleichen Alter. Meine liebevolle Mutter war gezwungen, Tag und Nacht an einer Kette angebunden zu sein und wir sprangen den ganzen heiligen Tag auf ihr herum.

Eines Tages kam eine Dame mit einem schönen Hund an unserer Hütte vorbei. Sie hat Mutter von der Kette gelassen und ist mit uns spazieren gegangen. Die Dame kam öfter und kümmerte sich um uns.

Die Hündin Mery im Alter von sechs Jahren

Nach sieben Monaten wurde ich von meiner Mutter weggenommen, um ein Hirtenhund zu werden. Von da an wurde ich jedes Jahr für vier Monate auf die Alp geschickt. Die Arbeit mit dem Vieh machte mir Freude, auch wenn ich ein wenig unter Einsamkeit litt und mir etwas Zärtlichkeit wünschte, vor allem diejenige der Dame aus meiner Kindheit, die mich so geliebt hatte.

Dann kam eine sehr traurige Zeit für mich. Nach der Arbeit mit dem Vieh wurde ich zu einem anderen Stall gebracht, wo ich den ganzen Tag an die Kette gelegt war. Ich weiss nicht, ob ihr Menschen euch vorstellen könnt, wie grosse Sehnsucht ich nach dieser Dame hatte. Von Zeit zu Zeit kam sie zu mir, machte wunderbare Spaziergänge mit mir und gab mir danach einen schmackhaften Knochen.

Meine Besitzer waren bald nicht mehr zufrieden mit mir, weil ich immer wieder weglief und meine Freundin in ihrem Haus besuchte, wo sie mir ein Hundebiscuit gab. Wenn sie mich jeweils zu meiner Hundehütte zurückbrachte, flüsterte sie mir ins Ohr: «Meine Kleine, lauf wieder weg und komm zu mir, dann wollen sie dich nicht mehr und du kannst bei mir bleiben.»

Mit der Zeit wurde ich immer trauriger und mein Besitzer immer gemeiner. Er gab mir Fusstritte. Meine Sehnsucht nach meiner Freundin wurde immer grösser und ich entwischte immer häufiger. Eines Tages brachte mich mein Besitzer zu seinem Bruder, der mich Tag und Nacht in einer Hundehütte einsperrte. Meine Freundin hatte meine Spur verloren, sie konnte mich nicht mehr besuchen. Ich verzweifelte.

So vergingen wieder vier Monate und ich hatte alle meine Hoffnung verloren. Ich dachte, meine Freundin habe mich vergessen. Aber eines Tages kam sie und befreite mich von dieser schrecklichen Kette, gab mir einen Kuss auf meine Nase und sagte: «Meine kleine Mery, von jetzt an bleibst du bei mir!» Mein kleines Hundeherz hüpfte vor Freude. Von da an war ich ihr Liebling.

Aufgezeichnet von Emerita Flütsch, Castagnola

Haltung

Der erste Kontakt mit dem Züchter und seinen Hunden

Der Kauf eines Hundes ist Vertrauenssache. Als Käuferin oder Käufer eines Welpen geht man davon aus, dass der Züchter oder die Züchterin das Tier in seinen ersten Lebenswochen fachgerecht und liebevoll aufzieht. Bei den Besuchen im Zwinger kann sich auch der Laie ein Bild von den Aufzuchtbedingungen machen, indem er auf Folgendes achtet:

Das Nest, in dem der Welpe mit seiner Mutter und seinen Geschwistern lebt, muss sauber und mit genügend Stroh versehen sein. Die Welpen sollten genügend Auslauf und Kontakt mit der Aussenwelt haben, und vor allem sollten sie die Möglichkeit zum Spielen haben.

Das Fell der Welpen soll glänzen. Die kleinen Hunde sollten lebhaft und zutraulich sein. Sie sollten nie grosse, aufgeblähte Bäuchlein haben und bis zum Tätowieren im Alter von 8 ½ Wochen wenigstens drei- bis viermal entwurmt sein.

Der Welpe sollte bei der Übernahme mindestens zehn Wochen alt sein. Der Käufer erhält vom Züchter:

a) Einen gesunden Welpen (geimpft, mehrmals entwurmt, sauber).
b) Eine Ahnentafel, auf der er als neuer Besitzer eingetragen ist. Diese Eintragung muss von der Schweizerischen Kynologischen Gesellschaft bestätigt sein.
c) Das Impfzeugnis, das bestätigt, dass der junge Hund eine Grundimpfung gegen Staupe, Leptospirose und Hepatitis erhalten hat.
d) Das dem Welpen vertraute Futter für einige Tage.
e) Die Informationsbroschüre des Schweizerischen Clubs für Appenzeller Sennenhunde über Haltung und Erziehung des Appenzeller Sennenhunds.

Falls irgendetwas mit dem jungen Hund nicht in Ordnung ist, kann man gemäss Tierhandelsgesetz innerhalb von neun Tagen beim Züchter reklamieren.

*Nächste Doppelseite:
Welpen entdecken
ihre Umgebung*

*Züchterin Marianne
Sutter, Appenzell,
beim Spiel mit ihren
Welpen*

Kleine Einführung für neue Besitzer eines Appenzeller Sennenhunds

Wer einen Appenzeller Sennenhund kauft, hat sich für einen lebhaften, temperamentvollen, manchmal ungestümen, aber umso treueren und anhänglicheren Hund entschieden. Es ist wichtig, dass der Besitzer seinem Appenzeller Sennenhund klar macht, was er darf und was nicht, sonst entwindet er sich mit seiner angeborenen Selbständigkeit sehr schnell dem Einflussbereich des menschlichen Rudelführers. Aus dem kleinen, netten Hündchen wird ein starker, eigenwilliger Hund. Der Appenzeller Sennenhund wird jedoch willig den Befehlen seiner Besitzerin gehorchen, wenn sie möglichst viel mit ihm arbeitet. Wenn der Hund zu wenig Auslauf und Arbeit hat, kann er leicht unerträglich werden!

Appenzeller Sennenhund-Welpen lieben Kinder und brauchen viel Zuwendung

Die ersten Stunden, die der Junghund in seinem neuen Zuhause erlebt, sind ausschlaggebend für seine Entwicklung. Seine ersten Eindrücke in der neuen Umgebung prägen sich ihm unauslöschlich ein und haben einen massgebenden Einfluss auf sein zukünftiges Verhalten. Es ist für den Welpen, der seine Geburtsstätte zuvor nie verlassen hat, ein einschneidendes Erlebnis, plötzlich seinen Geschwistern und seiner gewohnten Umgebung entrissen und in eine vollkommen unbekannte, mit fremden Gerüchen und Geräuschen erfüllte Welt versetzt zu werden.

Der junge Hund sollte deshalb nicht gleich mit Liebkosungen, Spielaufforderungen oder Abrichteversuchen überfordert werden. Er braucht Zeit und Musse, sich in seiner neuen Umgebung zu orientieren und alles kennen zu lernen.

Die beste Schlafstätte für einen Hund im Haus ist ein Hundekorb. Zur Förderung der Anhänglichkeit an den neuen Meister lege man neben seine Schlafstätte ein gebrauchtes, ungewaschenes Kleidungsstück. Um seinen Spiel- und Nagetrieb zu befriedigen, braucht der kleine Hund von Anfang an geeignetes Spielzeug, beispielsweise einen Garnknoten, in den er sich verbeissen kann. So vergreift er sich nicht an Teppichen, Schuhen oder Möbeln.

Die Angewöhnung oder Erziehung des Welpen ist nicht Sache von Kindern, Junghunde sind keine Kinderspielzeuge. Das wesentlichste Bedürfnis eines Appenzeller Sennenhunds ist mit der Familie zusammenzuleben. Innerhalb des «Familienrudels» muss ihm sein Platz mit Bestimmtheit zugewiesen werden.

Ein Junghund gibt seine Wünsche bekannt

Also sprach der Hund, namens Bläss: Nun bin ich dein Eigentum, und was die Erziehung anbelangt, so musst du verstehen, dass wir Hundekinder uns nicht allein erziehen. Vorerst wird es nötig sein, dass du mir vom ersten Tag an klipp und klar sagst, was ich tun darf und was nicht. Wenn du es verstehst, mir das spielerisch beizubringen, ist es von Vorteil. Denn alles, was ich mit angenehmen Erfahrungen verbinden kann, mache ich gerne und willig wieder. Zum Beispiel kann ich nicht begreifen, wenn ich als süsser Welpe auf deinen Polstermöbeln liegen darf und mir das später verboten wird. Kontaktfreudig werde ich nur, wenn ich bereits im Welpenalter fremde Menschen, unbekannte Geräusche und andere Hunde kennen lerne.

Sollte ich anfangs in der Nacht weinen, vergiss nicht, dass ich noch Heimweh nach meiner Mutter und meinen Geschwistern habe, von denen du mich weggeholt hast und deren Nähe und Wärme mir nun fehlen. Bemitleide mich nicht und lass mich mit diesem Problem alleine fertig werden. Wenn du lieb zu mir bist, werde ich bald meine frühere Umgebung vergessen, mich an dich gewöhnen, dich lieb haben und Ruhe geben.

Da ich noch ein Baby bin, benötige ich für meine Entwicklung neben gutem Futter vor allem viel Ruhe und Schlaf. Wenn ich schlafe, wecke mich nicht unnütz auf, weil du gerade Lust hast, mit mir zu spielen. Wenn ich aber ausgeschlafen bin, kümmere dich um mich, besonders wenn du mich in deinem Hause hältst.

Nach dem Schlafen und nach jeder Mahlzeit habe ich das Bedürfnis mich zu entleeren. Führe mich daher an jenen Platz, an welchem du willst, dass ich meine kleinen und grossen Geschäfte erledige. Wenn ich es gut mache, so lobe und belohne mich in irgendeiner Form. Du wirst sehen, gar bald gewöhne ich mich an diesen Platz, und du bist die Sorge los, dass ich dir dein Haus verunreinige. Solltest du es dennoch einmal verpassen, mich rechtzeitig hinauszuführen (als Baby muss ich eben öfters als ein erwachsener Hund), so hat es keinen Sinn, mich nachträglich für deine Vergesslichkeit zu bestrafen.

Brana v. Sunnestärn

Strafen musst du mich überhaupt nur dann, wenn du mich unmittelbar bei irgendeiner schlechten Tat erwischst. Dann aber so, dass ich verstehen kann, dass das Unangenehme, das ich nun erfahre, eine Folge dessen ist, was ich gerade verschuldet habe. Meine Mutter hat mich bei Fehlern am Balg genommen und weggetragen. Grundsatz deiner Erziehung muss für mich spürbar Liebe, Geduld, Ausdauer und Konsequenz sein.

Es wird nötig sein, dass du mich an die Leine gewöhnst. Sie wird mir am Anfang unangenehm sein, und ich werde mich dagegen sträuben. Es wäre falsch, wenn du mich deswegen hinter dir herziehen würdest. Gewöhne mich langsam an die Leine. Lege sie mir einmal an und lass mich alleine damit herumlaufen. Bald werde ich merken, dass mir dadurch keine Gefahr droht. Es ist immer gut, wenn du Notwendiges mit Angenehmem verbindest. Wenn du also mit mir hinausgehst, nimm mich immer an die Leine. So wird das Unangenehme der Leine durch die Freude über das Hinausgehen vergessen. Achte von Anfang an darauf, dass ich an deiner linken Seite gehe. Wenn ich es gut mache, so lobe mich tüchtig. Kleine Belohnungen wie Hundebisquits mag ich sehr gern.

Lass mir auch ab und zu meine Freiheit, damit ich nach Herzenslust herumtoben kann. Wenn du mich aber rufst, achte darauf, dass ich auch wirklich zu dir komme. Sollte ich auf dein Rufen nicht kommen, so wäre es falsch, mir nachzulaufen und mich zu fangen. Wenn ich nicht komme, gehst du unter wiederholtem Rufen in die entgegengesetzte Richtung. Ich werde zuerst erschrecken, dass du mich verlassen willst, dann aber sofort hinter dir herlaufen, bis ich dich eingeholt habe und wieder bei dir bin. Nun musst du mich gebührend loben, auch wenn du noch etwas ärgerlich bist, weil ich nicht gleich gekommen bin.

Lehre mich zu unterscheiden, was ich niemals tun darf und was ich nur zu gewissen Zeiten tun soll. Alles, was ich nie tun darf, ist «Pfui». Dieser Befehl sagt mir: «Was ich getan habe, das darf ich nie mehr tun!» Anders ist es mit dem Befehl «Fertig!» Nähert sich eine Person dem Garten oder dem Haus, muss ich sie verbellen. Mit dem Kommando «Fertig!» sollst

du mich – schon als kleinen Hund, wenn mich noch alle Leute drollig finden – dazu erziehen, dass ich sofort aufhöre zu warnen, wenn du die Person begrüsst. Am besten verstehe ich das, wenn du gleichzeitig mit dem Kommando «Fertig!» deine Hand von oben her über meine Schnauze legst.

Aus lauter Freude neige ich dazu, an den Menschen hochzuspringen. Bringe mir bei, dass ich, wenn du kommst, auf das Kommando «Sitz, bleib!» warte, bis du mich begrüsst. Halte, wenn du das Kommando gibst, deine Hand über meinen Kopf.

Das sind die wichtigsten Übungen für den Hausgebrauch. Bedenke, dass ich nicht alles auf einmal lernen kann. Ich verrichte gerne und mit Freude, was du von mir verlangst, wenn du mich dafür lobst und belohnst.

Als Familienhund ist es mein grösstes Bestreben, mit dir und deinen Familienangehörigen gut auszukommen. Lasst mich am Familienleben teilnehmen, denn ich möchte etwas erleben, sehen, hören und riechen. Wenn ich zu häufig allein gelassen werde, verkümmere ich seelisch.

Nun habe ich mir alles vom Herzen gesprochen, was ich für ein harmonisches Zusammenleben für wichtig halte. Wenn du all dies ernst nimmst und beachtest, so ist mir um unsere gemeinsame Zukunft nicht bange.

Herzlichst – dein Bläss

Erziehung

Die heutigen Hunde leben in einer Welt, in der ihr Platz nicht mehr selbstverständlich definiert ist. Sie sind näher zu den Menschen gerückt, teilen mit ihnen Wohnraum und Freizeit. Viele neue Dinge sind auf die Hunde zugekommen, an die sie sich erst gewöhnen müssen: Etagenwohnungen, Einfamilienhaussiedlungen, Verkehr, Lärm, Training und Ausbildung für verschiedene Prüfungen, organisiertes Zusammentreffen mit anderen Hunden etc. Damit sich der Hund überhaupt zurechtfinden kann, braucht er eine entsprechende Erziehung.

In dem Buch «Neue Hundekunde» erklärt Eugen Seiferle: «Dem Hund fehlte von Anfang an die nötige Voraussetzung zur völligen Erfassung der so bunten Menschenwelt. Sie war ihm ursprünglich vollständig fremd und ist es, ihrem tieferen Wesen nach, auch heute noch, obgleich er sich im Laufe der Zeit an manches gewöhnt und vieles auf seine Art zu deuten gelernt hat. Die Schwierigkeit der Umstellung auf diese so gänzlich andere, artfremde Umgebung lag und liegt immer noch in der besonderen Natur seiner rein sensitiven Seele begründet. Während der Mensch sich dank seiner freien, geistigen und deshalb vernunftbegabten Psyche überall bald zurechtfindet und sich, wo immer er weilt, sein Dasein weitgehend nach eigenem Ermessen gestalten kann, ist der Hund in seinem Verhalten vorab an übernommene Triebe und Instinkte gebunden, und es fehlt ihm an der Gabe des abstrakten, begrifflichen Denkens.» Der Hund im Allgemeinen und der Appenzeller Sennenhund im Besonderen, dessen Vorfahren vor noch nicht allzu langer Zeit reine Bauernhunde waren, braucht frühe Zuwendung und Angewöhnung an ein Leben im Menschenrudel.

Ein junger Hund, der meist sich selbst überlassen ist und nur wenig Kontakt mit Menschen und der Umwelt hat, verkümmert wie ein Kind, mit dem sich niemand abgibt. Früher wirkte sich das nicht gross aus. Die Hunde lebten oft auf abgelegenen Höfen und verbellten alles Fremde. Das trug dem Bläss seinen schlechten Ruf ein. Heute ist der Appenzeller Sennenhund ein Familien- und Sporthund. Dazu taugt er aber nur, wenn er von Anfang an systematisch mit Mensch und Umwelt in Kontakt gebracht wird.

Finette v. Buchenstock und Cresta v. Juraräsli

Mit dem Öffnen der Ohrfalte und der Augenlider – etwa zwischen dem 9. und 14. Lebenstag – dringen ständig neue Sinneseindrücke in das Weltbild des Welpen. Schon ab der fünften Woche kann mit den Welpen gearbeitet werden, damit sie lernen, offen und vertrauensvoll auf ihre Umgebung zuzugehen. Die Neugierde der kleinen Hunde wird geweckt. Ihr Nest soll abwechslungsreich gestaltet sein. Nebst einem grossen Wurzelstock, Beton- oder Kunststoffröhren mit mindestens dreissig Zentimetern Durchmesser, unterschiedlichen Bodenbeschaffenheiten, Holzstücken aus Obstbaumholz, sollen ihnen auch verschiedene Spielsachen wie mit Steinen gefüllte Blechbüchsen, Hartgummibälle, Büffelhautknochen, rohe Rübchen etc. zur Verfügung stehen. Sie machen sich mit allen Hausgeräuschen vom Föhn bis zum Rasenmäher vertraut.

Zeigt ein Welpe Angst oder Schreck, verhält sich die Züchterin ruhig und lässt ihn in Ruhe, damit sie nicht durch eine kleine Gabe zum Trost seine Angst belohnt und dadurch verstärkt.

Von der 5. bis 6. Woche an stehen kleine Ausflüge mit Hündin und Welpen auf dem Programm. Alle werden ins Auto gepackt und fahren – beim ersten Mal nur eine kurze Strecke – in fremdes Gelände, das die Welpen ungefährdet auskundschaften dürfen. Nebenbei werden die Kleinen so ans Autofahren gewöhnt. In dieser Zeit ist für häufigen Kontakt mit fremden Menschen und mit Kindern zu sorgen. Solche Begegnungen finden immer unter Anleitung und Aufsicht statt, damit sie für alle Beteiligten zur positiven Erfahrung werden.

Von der 8. bis zur 16. Woche wird der Welpe allen möglichen Reizen ausgesetzt. Die Züchter und Züchterinnen machen die kleinen Hunde mit Schiess- und Flugzeuglärm, mit Kuh- und Kirchenglockengeläut, mit Traktoren und Autos, dem Rascheln von Tüchern und Kunststoffplachen, alten Schirmen, Mantel und Hut, Maschinenlärm aller Art bekannt. Denn was der Hund nicht kennt, davor scheut er zurück. Ist er mit vielen Dingen vertraut, entwickelt er seine Wesensstärke und bleibt auch in Stresssituationen ruhig und gehorsam.

Ausserdem muss sich der Hund daran gewöhnen, dass sein Meister oder seine Meisterin ihn an allen Teilen des Körpers berührt. Das bedeutet ins Maul langen, Penis und Hoden untersuchen, Pfoten genau abtasten und -drücken, Fieber und

Appenzeller Sennenhunde sind äusserst lebhafte und neugierige Tiere

Eine spielfreudige und geschickte Rasse

Puls messen, Augen und Ohren reinigen. Der Hund soll keinerlei Angst vor Händen und Berührungen zeigen. Schon wenn der Welpe noch sehr klein ist, lernt er die Wohnung seines Züchters kennen. Im Spielgarten der Welpenspielgruppe kriecht er durch Röhren und unter Tücher, überwindet Hindernisse und spielt mit Schlauchstücken und Bällen und oft mit anderen, gleichaltrigen Hunden. Im Spiel lernt er Sieg und Niederlage ertragen.

Bei den Erziehungsmethoden ist die Hundemutter Vorbild. Wenn sie ihren Jungen etwas verbietet, knurrt sie sie an. Das ist die Sprache, die die Hunde verstehen. In manchen Welpenprägekursen lernen die Hundehalterinnen anfangs, ihren Junghund anzuknurren. Später kann der Knurrlaut in ein Nein übergehen, das die gleiche Qualität wie das Knurren hat: bestimmt und klar. Dem Fang der Hundemutter entspricht die menschliche Hand. Mit der Hand holt der Hundehalter seinen Junghund, der sich auf verbotenen Pfaden bewegt, an seinen Platz zurück oder von einem gefährlichen Ort weg. Er packt ihn dazu am Nackenfell, ohne ihn zu schütteln. Denn wenn Hunde Tiere am Nackenfell schütteln, dann tun sie das nur mit Beutetieren, um sie zu töten.

Welpen sollen immer wieder auf den Rücken gelegt werden, damit sie Unterordnung lernen. Besonders bei Rüden ist jedes Dominanzgehabe sofort zu unterbinden, indem die Halterin ihn auf den Rücken legt.

Bei der Hundeerziehung ist die Bindung zwischen Hund und Meister sehr wichtig. Wenn die Stellung von Mensch und Hund im Kleinrudel klar ist, kann sich ein partnerschaftliches Verhältnis zwischen den beiden entwickeln. Wer einen Appenzeller Sennenhund hält, dem muss klar sein: Es muss jeden Tag etwas laufen, wodurch der Hund beschäftigt ist. Der Hundeführer muss interessanter sein als alles, was ringsum passiert; dann gehorcht der Hund.

In der Begegnung mit anderen lernt der Hund sich einzuordnen

Appenzeller Sennenhunde scheuen das Wasser nicht

Der Appell lässt allerdings besonders bei sehr lebhaften Appenzeller Sennenhunden oft zu wünschen übrig. Um wirklich sicher zu sein, dass der Hund kommt, wenn man ihn ruft, braucht er eine systematische Erziehung. Dabei geht es nicht nur darum, dass der Hund den Willen des Menschen ausführt, sondern auch darum, dass der Mensch die Leistung des Hundes jedesmal deutlich belohnt. Wenn der Hund dem Ruf seiner Meisterin folgt und zu ihr zurückkehrt, bückt sie sich zu ihm nieder, damit sie ihn streicheln kann. Falls sie das nicht tut, muss sie damit rechnen, dass der Hund zu ihr hochspringt, um sich belohnen zu lassen.

Da viele Appenzeller Sennenhunde selten angeleint werden, ist ihre Leinenführigkeit häufig mangelhaft. Auf Appell und Leinenführigkeit muss darum von allem Anfang an grossen Wert gelegt werden.

Hunde jeglicher Abstammung verhalten sich nicht immer so, wie ihre Besitzer das von ihnen erwarten. Schreien und Schlagen als Reaktion auf sein – aus Sicht des Menschen fehlerhaftes – Verhalten versteht der Hund nicht. Aus eigener Hilflosigkeit würde man gern zu einem effektiven Mittel greifen, das den Hund sofort zu einer Verhaltensänderung veranlasst. Doch sind hier im Tierschutzgesetz Schranken gesetzt. So sind beispielsweise in der Schweiz Strafschüsse, Geräte, die elektrisieren oder akustische Signale aussenden, sogenannte Dazzer, und Stachelhalsbänder ausdrücklich verboten. Einen Hund zu strafen, ist ohnehin eine problematische Sache. Es ist wohl kaum davon auszugehen, dass Hunde in Kategorien von Recht und Unrecht denken wie die Menschen. Statt von Strafe empfiehlt es sich von Verhalten zu reden, das korrigiert werden soll. Hunde sollten unmittelbar nach dem Ausführen eines unerwünschten Verhaltens korrigiert werden. Bestrafungen, die lange nach einem unerwünschten Verhalten ausgeführt werden, qualifiziert das Bundesamt für Veterinärwesen grundsätzlich als «übermässig», weil ein Hund den Bezug zu diesem Verhalten nicht mehr herstellen kann.

Ziel der Erziehung ist es nicht, den Charakter eines Hundes zu ändern, sondern er soll lernen, wohin er gehört, und er muss gehorchen. Der Appenzeller Sennenhund muss Kämpfe mit anderen Hunden austragen, nur so lernt er sich ein- und unterzuordnen. Die Halterin oder der Halter muss im Rudel von Menschen und Hund stets klar die Führung übernehmen. Dann fühlen sich Hund und Menschen wohl.

Fütterung

Es ist vorteilhaft, den Welpen in den ersten Tagen so zu füttern, wie er es von seiner Züchterin her gewohnt ist. Es hat sich bewährt, beim Füttern auf Folgendes zu achten:

- Der Hund wird vom ersten Tag an immer am gleichen Platz und etwa zur gleichen Zeit gefüttert.
- Bis zum Alter von sechs Monaten erhält der Hund täglich drei Mahlzeiten. Von sechs bis zwölf Monaten genügen zwei und ab seinem ersten Geburtstag eine Ration.
- Die Menge der jeweiligen Futterportion ermittelt man aus Erfahrung. Frisst der Hund seinen Napf eifrig und restlos leer, dann wird die nächste Portion vergrössert. Bleiben Resten übrig, so wird sie verkleinert.
- Frisches Wasser beziehungsweise Milchwasser muss immer bereit stehen.
- Dem Futter des Junghunds können pro Woche ein bis zwei rohe Eier oder Quark beigemischt werden.

Frisches Wasser soll immer zur Verfügung stehen

- Frische Fische, Fischabfälle oder eine Portion rohes, gehacktes Fleisch bereichern die Nährstoffvielfalt.
- Mit einem Kauknochen (Büffelhautknochen) oder Kalbsknochen (ausserhalb der normalen Fressenszeit) reinigt der Hund seine Zähne. Sein Gebiss wird gesund und kräftig.

Fütterung des Welpen

Morgens:	**1 Portion Trockenfutter – frisches Wasser**
Mittags:	**1 kleine Büchse Fertigfutter**
Abends:	**1 Portion Trockenfutter mit Fleisch und warmer Milch vermischt**

Alle Mahlzeiten werden lauwarm zubereitet und weder aus dem Kühlschrank noch heiss serviert.

Körper- und Gesundheitspflege

«Mit Appenzellern muss man nur für Impfungen zum Tierarzt», sagt ein erfahrener Halter von Appenzeller Sennenhunden. Bei der Rasse kommen keine Augenprobleme, keine Früherblindungen, keine Exzeme und nur selten Hüftdysplasien vor. Die durchschnittliche Lebenserwartung liegt bei 12 bis 13 Jahren; aber sie können auch 18 und mehr Jahre alt werden. Aus der Sicht des Tierarztes ist der Appenzeller Sennenhund von seinem Charakter her ein zurückhaltender bis misstrauischer Hund. Er lässt sich keinen Schmerz zufügen und es ist eine unbeantwortete Frage, ob das aus Intelligenz oder aus Angst geschieht. Denn Aufmerksamkeit, Intelligenz und Schlauheit werden von Menschen gerne als Hinterhältigkeit interpretiert. Manche Tierärzte behandeln Appenzeller Sen-

Nur selten sollten Hunde shampooniert werden

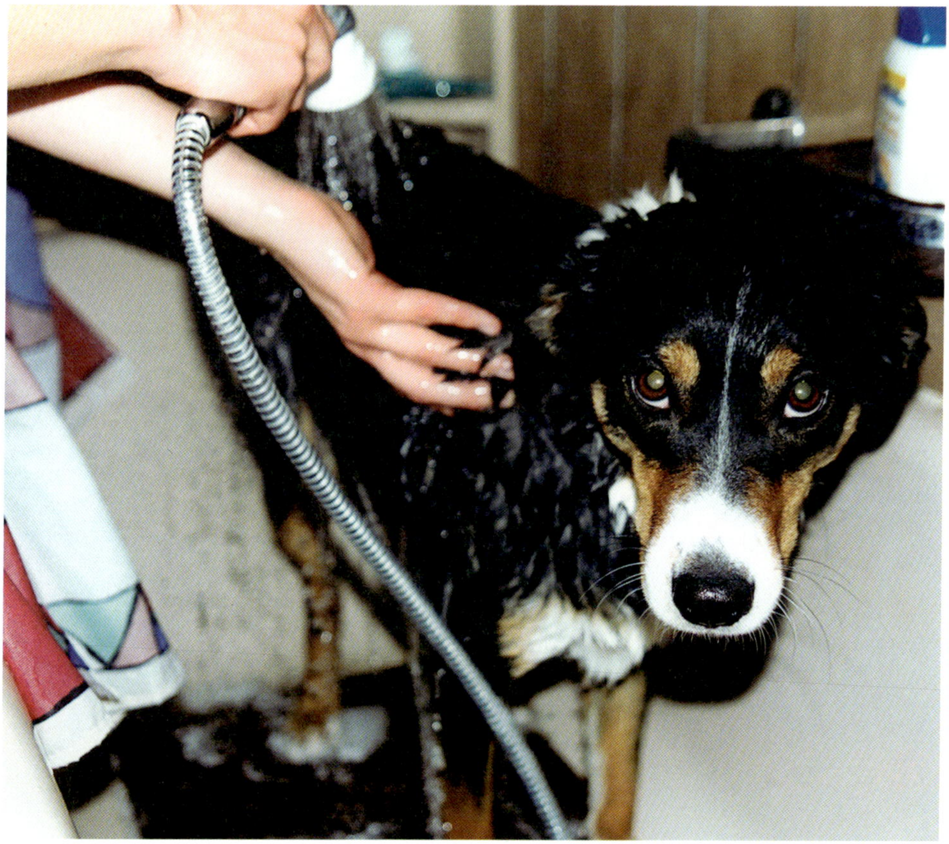

Bei täglicher Pflege glänzt das Fell des gesunden Hundes

nenhunde – aber nicht nur sie – mit einem Maulkorb. Der Tierarzt ist dem Hund meist fremd und macht Ungewohntes mit ihm, was ihn verunsichern und in eine Abwehrhaltung treiben kann.

Die Rasse Appenzeller Sennenhund weist keine typischen Krankheiten auf. Lediglich Afterkrallen, die entfernt werden müssen, treten oft auf. Im Weiteren muss der Halter darauf achten, dass der Hund nicht zu fett wird, was vor allem bei kastrierten Tieren eine Gefahr ist. Früher wurden Hofhunde nicht gefüttert, sie frassen aus dem Schweinetrog, ernährten sich von Nachgeburten und Schotten. Grundsätzlich gilt auch heute: Der Appenzeller Sennenhund ist nicht heikel, «ringfuetrig» und frisst gern und vieles.

Impfungen und Entwurmungen nach Plan

Impfungen dürfen nur vom Tierarzt vorgenommen werden, der diese im Impfpass des Hundes registriert. Vor jeder Impfung muss der Hund gesund, ausreichend ernährt und frei von Parasiten (besonders von Würmern) sein. Ein kranker oder geschwächter Organismus würde keine oder nur eine unzureichende Immunität als Reaktion auf die Impfung ausbilden.

Staupe, Hepatitis, Leptospirose, Parvovirose, Zwingerhusten

1. Impfung im Alter von 8 bis 10 Wochen
2. Impfung im Alter von 12 bis 14 Wochen
Wiederholung jährlich

Tollwut

1. Impfung im Alter von 5 Monaten
Wiederholung: gemäss Verbreitung der Tollwut, Informationen beim Tierarzt – bei Grenzübertritt jährlich

Entwurmung

Welpen: 2., 4., 6., 8. und 12. Lebenswoche
Erwachsene Hunde: ein- bis zweimal jährlich, bei Befall häufiger oder nach Anweisung des Tierarztes.

Welpen werden in der 7. oder 8. Lebenswoche zum ersten Mal geimpft. Da der Impfschutz in diesem Alter aber noch durch die vom Muttertier erhaltenen Schutzstoffe beeinträchtigt werden kann, muss im Alter von 12 Wochen eine Nachimpfung erfolgen. Sind die Welpen zum Zeitpunkt der Erstimpfung älter als 12 Wochen, so genügt im Allgemeinen eine einzige Impfung für eine sichere Immunität. Zum Schutz gegen Leptospirose und Parvovirose ist eine zweite Impfung – unabhängig vom Zeitpunkt der Erstimpfung – im Abstand von zwei bis vier Wochen immer notwendig. Wiederholungsimpfungen in jährlichen Abständen empfehlen sich zur Vorbeugung von Leptospirose, Parvovirose, Zwingerhusten und Tollwut. Zur Verhinderung von Staupe und ansteckender Leberentzündung genügt in der Regel eine Wiederholungsimpfung alle ein bis zwei Jahre.

Für die Schutzimpfung gibt es Einzel- und Kombinations-

impfstoffe. Welcher Impfstoff zu welchem Zeitpunkt angewendet werden soll, entscheidet der Tierarzt unter Berücksichtigung der allgemeinen Seuchenlage.

Trotz richtiger Aufzucht, Pflege und Ernährung kann die Gesundheit des Hunds durch Infektionskrankheiten gefährdet werden. Da die Behandlung dieser Erkrankungen in den meisten Fällen sehr schwierig und oft aussichtslos ist, kann ein Schutz nur durch rechtzeitige und regelmässige Impfungen erzielt werden. Schutzimpfungen sind möglich gegen:

1. Staupe
2. ansteckende Leberentzündung (Hepatitis contagiosa canis)
3. Leptospirose (Stuttgarter Hundeseuche)
4. Parvovirose (sog. Katzenseuche des Hunds)
5. Zwingerhusten
6. Tollwut

Staupe

Die Staupe wird durch ein Virus verursacht, das direkt von Hund zu Hund bzw. indirekt von Virusträgern aus der Umwelt auf den Hund übertragen wird. Die hochansteckende Erkrankung tritt überwiegend bei Hunden im Alter von 3 bis 6 Monaten auf, kann aber in jedem Lebensalter erfolgen. Die ersten Krankheitserscheinungen, die drei bis sechs Tage nach der Ansteckung sichtbar werden, sind Appetitlosigkeit, Fieber sowie Augen- und Nasenausfluss. Im weiteren Verlauf der Erkrankung kommt es zu Magen-Darm-Entzündungen mit Durchfall (Darmstaupe), Lungenentzündung (Lungenstaupe) oder krampfartigen Zuckungen, Bewegungsstörungen und Lähmungen (Nervenstaupe). Da die Staupe sehr unterschiedliche Symptome zeigt, muss bei jungen Hunden mit Erkrankungen unklarer Entstehung immer der Staupeverdacht in die Erwägungen mit einbezogen werden.

Ansteckende Leberentzündung (Hepatitis contagiosa canis)

Diese Viruserkrankung, die ebenfalls durch direkten oder indirekten Kontakt übertragen wird, befällt überwiegend junge Hunde und führt bei Welpen sehr schnell zum Tod. Ältere Hunde können auch erkranken. Die Krankheitserscheinungen, die im Allgemeinen vier bis neun Tage nach der Ansteckung auftreten, sind denen der Staupe sehr ähnlich. Zuerst kommt es zu Fieber, Appetitlosigkeit, Erbrechen, Durchfall, Schmerzen in der Bauchhöhle, Entzündungen im Rachenraum und nervösen Störungen. In einem späteren Stadium der Erkrankung können Hornhauttrübungen auftreten, die bis zur Erblindung führen.

Leptospirose

Die Leptospirose wird durch Leptospiren-Bakterien übertragen. Die Ansteckung erfolgt durch Hunde, Mäuse, Ratten und andere Tiere sowie verunreinigte Gewässer. Es erkranken Hunde aller Altersstufen. Die Krankheitserscheinungen, die im Allgemeinen fünf bis zwanzig Tage nach Ansteckung auftreten, sind Müdigkeit, Appetitlosigkeit, Nierenentzündungen, Magen-Darm-Entzündungen mit Erbrechen und Durchfall. In schweren Fällen können Gelbsucht und Bewegungsstörungen auftreten.

Parvovirose

Die Parvovirose wird durch ein Virus verursacht, das durch direkten oder indirekten Kontakt übertragen wird. Erste Krankheitserscheinungen treten meist drei bis vierzehn Tage nach der Ansteckung auf. Die Parvovirose kommt bei Hunden aller Altersgruppen vor und verursacht bei Welpen und jungen Hunden blutigen Durchfall und/oder Herzmuskelentzündungen mit nachfolgendem Herztod. Ältere Hunde zeigen Magen-Darm-Entzündungen mit Erbrechen und Durchfall. Der Kot ist übelriechend und von grauer Farbe, manchmal auch blutig. Aufgrund des akuten Krankheitsverlaufs kann die Erkrankung besonders bei jungen Hunden schnell zum Tod führen.

Zwingerhusten

Der Zwingerhusten ist eine hochansteckende Erkrankung, die von mehreren Viren verursacht wird. Entscheidend für den Ausbruch der Erkrankung ist eine Mischinfektion der Viren mit Bakterien sowie die Haltung der Hunde an Plätzen mit ständig wechselndem Tierbestand wie Händlerzwinger, Tierheime und Tierkliniken. Die Erreger werden durch Tröpfcheninfektion direkt von Tier zu Tier übertragen. Es erkranken vor allem junge Hunde. Vier bis zehn Tage nach der Ansteckung treten die ersten Krankheitserscheinungen auf. Die Tiere zeigen trockenen Husten mit Brechreiz, der durch eine Entzündung der oberen Luftwege bedingt ist. Meistens haben die Hunde kein Fieber. Gelegentlich kann auch seröser bis purulenter Nasenausfluss auftreten. In schweren Fällen kommen auch hochgradige Lungenentzündungen vor, die unter Umständen zum Tod führen.

Tollwut

Die Tollwut wird durch ein Virus verursacht, das durch den Speichel von Tieren, der mit Verletzungen von Menschen oder Tieren in Kontakt kommt, übertragen wird. Die ersten Krankheitszeichen treten nach zwanzig bis sechzig Tagen auf. Die Tiere zeigen verändertes Verhalten: Unruhe, Scheu, Speichelfluss, heiseres Bellen und Beisswut. Es zeigen sich Lähmungserscheinungen, die schliesslich unter Krämpfen zum Tod führen. Die Tollwut kann auch als sogenannte «stille Wut» verlaufen: In diesen Fällen fehlen die Aggressionen; die Tiere zeigen Teilnahmslosigkeit und Traurigkeit.

Die Tollwut verläuft beim Menschen tödlich, falls er nicht rechtzeitig eine Schutzimpfung erhält. Die Tollwutschutzverordnung zum Schutze des Menschen bestimmt:

- an Tollwut erkrankte Hunde müssen getötet werden;
- nicht geimpfte Hunde müssen getötet werden, wenn sie mit tollwuterkrankten oder seuchenverdächtigen Tieren in Berührung gekommen sind;
- für Hunde, die vor weniger als zwei Jahren gegen Tollwut geimpft wurden und einer sofortigen Nachimpfung mit Quarantäne von mindestens 30 Tagen unterzogen werden, besteht keine Tötungspflicht, auch wenn sie mit tollwuterkrankten oder seuchenverdächtigen Tieren in Kontakt gekommen sind.

Hundekrankheiten

Im Folgenden sind die wichtigsten Regeln zur Gesunderhaltung des Hundes zusammengestellt, damit Hundehalter bei Krankheiten und Notfällen richtig reagieren.

Daran erkennt man den gesunden Hund:

Temperatur:	**37,5–39 Grad; messen: 2 Minuten im After**
Atmung:	**10–30 Atemzüge pro Minute**
Herzfrequenz:	**70–130 Schläge pro Minute**
Pulsfühlstelle:	**an der Innenseite des Oberschenkels**

Veränderte Normalwerte bedeuten:

Erhöhte Temperatur: Entzündungen/Infektionen, Hitzschlag.

Temperatur unter 37,5 Grad: Stoffwechselerkrankungen, Koma.

Erhöhte Atmungsfrequenz: Anstrengung, Fieber, Herz-Kreislauf- und Lungenerkrankungen, Schock.

Verlangsamte Atmung: Schlaf, Koma.

Erhöhte Herzfrequenz: Anstrengung, Fieber, Herz-Kreislauf-Erkrankungen, Schock, Blutarmut.

Herzfrequenz unter 70: Schlaf, «Sportlerherz», Koma.

Schleimhäute

Die Schleimhäute sind bei den Lidbindehäuten und an den Lefzeninnenseiten sichtbar.

Normal: rosa.

Verändert: blass deutet auf Kreislauferkrankungen, Schock, Blutarmut; gelb deutet auf Lebererkrankungen; schmutzigrot deutet auf Fieber oder Infektionskrankheiten; bläulich deutet auf Sauerstoffmangel.

Augen

Bindehautentzündung: wässriger bis eitriger Augenausfluss: Tierarzt beiziehen.

Hornhautentzündungen und Verletzungen der Hornhaut:

Hornhaut wird durch Schwellung undurchsichtig bis grau: Tierarzt beiziehen.
Linsentrübung (grauer Star): Bei über 8 bis 9 Jahre alten Hunden normal.

Ohren

Gehörgangsentzündungen: Kopfschütteln, Schrägstellung des Kopfes, häufiges Kratzen an den Ohren; Ohrenbehandlung nur durch den Tierarzt. Nachbehandlung durch den Besitzer nach Anleitung des Tierarztes.

Andere Notfälle

Hitzschlag: Körpertemperatur über 41 Grad, Schock, meist entsprechende Vorgeschichte (Hund im Sommer im Auto): dringender Notfall! Tierarzt beiziehen! Hunde sofort mit viel kaltem Wasser abduschen bis Normaltemperatur erreicht ist, Eisbeutel auf den Kopf legen, den ganzen Körper mit Alkohol einreiben.
Allergie: Überempfindlichkeit gegenüber gewissen Stoffen, vor allem bei Insektenstichen ins Maul. Symptom: plötzliches Anschwellen von Lefzen, Zunge und Gesichtshaut. Erstickungs- und Schockgefahr! Dringender Notfall! Tierarzt beiziehen!
Schock: Plötzliches Kreislaufversagen, bei dem die Organe ungenügend durchblutet werden. Folgen: Sauerstoffmangel, Übersäuerung, besonders gefährdet sind Gehirn, Nieren und Herz. Symptom: blasse Schleimhäute, rascher, schwacher Puls; rasche, oberflächliche Atmung. Ursache: grosse Verletzung, Unfall, starker Blut- und Flüssigkeitsverlust, Allergie, Hitzschlag, Magendrehung, fieberhafte Erkrankung.

Geschlechtsorgane beim Rüden

Vorhautkatarrh: eitriger Ausfluss aus der Vorhaut, meist chronisch, ungefährlich, allenfalls ein hygienisches Problem.
Prostataentzündung und -vergrösserung: Blutungen aus dem Penis, unabhängig vom Harnabsatz; Kotabsatzprobleme, weil die vergrösserte Prostata auf den Mastdarm drückt. Behandlung: Kastration. Tierarzt beiziehen.

Geschlechtsorgane bei der Hündin

Scheidenausfluss: normal bei Läufigkeit, kurz vor und bis

drei Wochen nach der Geburt. Nach der 1. Läufigkeit ist jeder Ausfluss zu einem andern Zeitpunkt krankhaft.
Gebärmutterentzündungen: Ursache: hormonelle Störungen, Infektionen. Symptome: blutiger, schleimiger oder eitriger Scheidenausfluss, vermehrter Durst. Behandlung durch den Tierarzt, eventuell Kastration.

Nervensystem

Epilepsie: Ursache: örtlich und zeitlich begrenzte Überaktivität gewisser Gehirnzentren. Symptome: plötzlich auftretende Bewusstlosigkeit, Muskelkrämpfe, Schaumbildung im Maul, unkontrollierter Harn- und Kotabsatz. Dauer: wenige Sekunden bis mehrere Minuten. Richtige Reaktion: Hund hinlegen, dass er sich nicht verletzen kann, nicht ins Maul des Tieres greifen!
Vergiftungen: Ursache: Krampfgifte wie Schneckengifte, Metatabletten. Symptome: plötzlich auftretendes Muskelzittern, Schwanken, Muskelkrämpfe. Dringender Notfall! Tierarzt beiziehen!

Atmungsorgane

Nase: Nasenbluten ist beim Hund relativ selten. Ursache: Infektionen, Tumore.
Kehlkopf: Zwingerhusten. Symptome: Hustenanfälle, Würgen, Erbrechen. Lästig, aber meist ungefährlich. Tierarzt beiziehen.
Lunge: Atemnot (nicht zu verwechseln mit Hecheln!). Symptome: rasche, auffällige Atmung, Bauchatmung, Hunde wollen sich häufig nicht mehr hinlegen. Immer ein Notfall für den Tierarzt.

Verdauungsorgane

Maul

Gebiss: regelmässig auf Zahnstein kontrollieren.
Maulhöhle: durch Auffangen von geworfenen Stecken können in Mundhöhle und Rachen schwere Verletzungen entstehen. Symptome: Blutungen aus dem Maul, blutiger Speichel. Da die Infektionsgefahr gross ist, immer den Tierarzt sofort beiziehen.

Magen

Erbrechen: Ursachen: Infektionen, Futterunverträglichkeit, Nervosität, Darmverschluss, Magenumdrehung. Bei der Magendrehung dreht sich der Magen so um, dass Ein-

und Ausgang verschlossen werden und die Blutzu- und -abfuhr abgeklemmt wird; der Magen bläht sich. Symptome: geblähter Bauch, Erbrechen von Schaum, hochgradige Apathie, Schock. Dringender Notfall! Tierarzt beiziehen!

Darm

Durchfall: Ursachen: Infektionen, Futterunverträglichkeit, Nervosität. Oft wird Blut erbrochen. Durchfall ist nur bei Welpen ein Notfall, bei dem der Tierarzt beigezogen werden muss. Beim ausgewachsenen Hund kann vielleicht mit einer Diät aus gekochtem Reis mit Huhn Abhilfe geschaffen werden. Wenn innert zwei bis drei Tagen keine Besserung eintritt, den Tierarzt beiziehen.

Verstopfung: Symptome: Der Hund versucht dauernd, Kot abzusetzen. Ursachen: Knochenkot, Prostatavergrösserung, Tumore. Tierarzt beiziehen.

Entzündete und verstopfte Afterdrüsen: Symptom: Der Hund zieht seinen Hinterteil wie einen Schlitten über den Boden. Tierarzt beiziehen!

Harnapparat

Harnverfärbungen: dunkelgelb deutet auf stark konzentrierten Harn. Ursache: Flüssigkeitsmangel, Anstrengung, Wassermangel. Hellgelb/wässrig, meist verbunden mit erhöhtem Durst und Blutbeimengungen – siehe Durst. Ursachen: Unfälle, Tumore, Blasenentzündungen. Tierarzt beiziehen!

Harnabsatzprobleme: Symptome: Der Hund versucht immer wieder, Harn abzusetzen (Harndrang), aber der Harn kommt nur tropfenweise (was beim Rüden nach mehrmaligem Markieren allerdings völlig normal ist!). Ursache: Blasenentzündungen, Blasen- und Harnröhrensteine. Notfall! Tierarzt beiziehen!

Durst

Die Wasseraufnahme der Hunde ist individuell verschieden und abhängig von Rasse, Temperament und Futter. Gesunde Hunde, die mit Nassfutter ernährt werden, trinken in der Regel wenig.

Vermehrte Wasseraufnahme: Ursachen: Hitze, Anstrengung, Nierenerkrankungen, hormonelle Erkrankungen, Gebärmuttererkrankungen. Hunde, die aus unerklärlichen Gründen plötzlich erheblich mehr trinken als gewohnt, sollten vom Tierarzt untersucht werden!

Stütz- und Bewegungsapparat

Frakturen: Immer Tierarzt beiziehen!

Gelenkserkrankungen: Symptome: Lahmheit. Bei jungen Hunden zeigen sich Wachstumsstörungen in Ellbogen-, Schulter-, Hüft- oder Kniegelenk; bei älteren Hunden häufig in Form von Arthrosen.

Wirbelsäulenerkrankungen (Dackellähmung): Symptome: plötzlich auftretende Schmerzen, Schreien bei Bewegung, aufgekrümmter Rücken, Bewegungsunlust, Schwanken oder Schleifen mit Hinterläufen, Lähmungserscheinungen. Notfall. Immer Tierarzt aufsuchen!

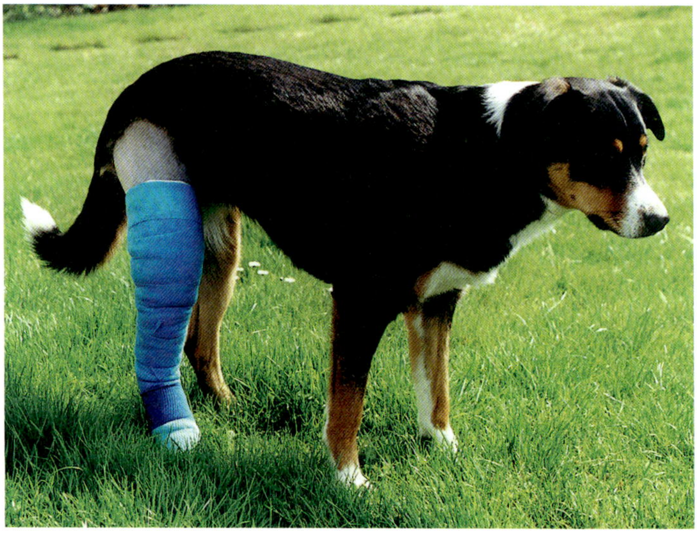

Bei Knochenbrüchen immer den Tierarzt beiziehen

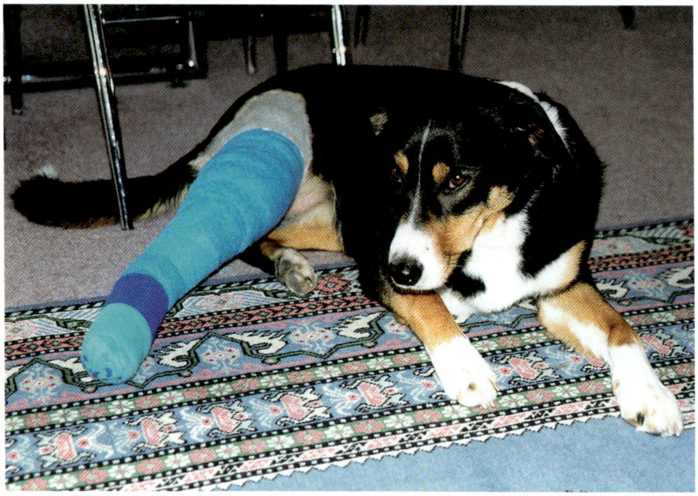

Haut

Ekzeme: betroffene Stellen eventuell ausscheren. Tierarzt beiziehen.

Hautverletzungen: Wenn die Haut perforiert ist, Tierarzt beiziehen, da auch bei kleinen äusseren Verletzungen grosse Schäden in den tieferen Geweben vorhanden sein können (gilt vor allem bei Bissverletzungen!).

Stark blutende Wunden: Druckverband: Gazetupfer auf Wunde, mit elastischer Binde straff verbinden. Eventuell muss genäht werden, Tierarzt aufsuchen.

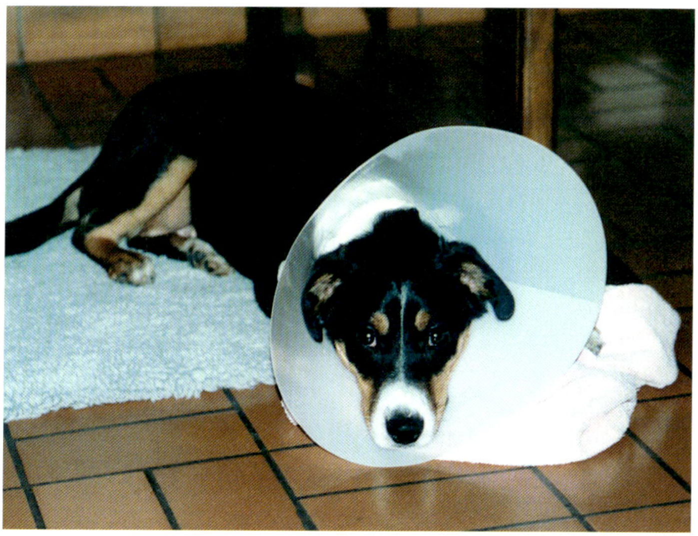

Der Halskragen verhindert das Lecken und Beissen an den hinteren Körperpartien

Zucht

Aufzucht

Die heutige Zucht des Appenzeller Sennenhunds baut im wesentlichen auf elf Hunden auf. 1927 wurde letztmals ein «Bläss» unbekannter Herkunft eingetragen. Die wichtigsten Deckrüden zu Beginn der Reinzucht waren Frisch v. Brüelisau, Frisch v. d. Sitter, Prinz v. Eschenberg – er galt zu Beginn der Reinzucht als typischer Appenzeller Rüde, auffallend war das viele Weiss, der langgestreckte Körper und die überbaute Kuppe – sowie Blitz v. Rinkenbach 5647. Als beste Hündin galt vor 1905 Diana v. Säntis, die Klubgründer Josef Anton Gmünder gehörte. Eine wichtige Zuchthündin war auch Flora v. Clanx, eine Tochter der Diana v. Säntis.

Zwei Tiere aus der Anfangszeit der Rassezucht: Blitz v. Rinkenbach S.H.S.B. 5647 und Flora v. Clanx S.H.S.B. 5657

Welpen brauchen Spielmöglichkeiten und genügend Ruhe

Die schmale Zuchtbasis führte zwangsläufig zu einem hohen Inzuchtgrad. Dass dabei praktisch keine Schäden aufgetreten sind, erklärt sich aus der rigorosen Selektion. Was nicht als Gebrauchshund taugte, «was nicht den ganzen Tag bei jeder Witterung schaffen, laufen, rennen, treiben, bellen und nachts auch noch pusper und wachsam sein konnte, wurde in Hundefett umkastriert oder totgeschlagen», heisst es 1913 in einer kynologischen Zeitschrift. Junghunde konnten damals praktisch nur bei Bauern und Sennen untergebracht werden, und denen waren sauberes Treiben, Wachsamkeit und Genügsamkeit wichtiger als Schönheit. So gab es zu Beginn der Reinzucht recht viele Welpen mit atypischen Farben. Vor allem gelbe und gelbrote Hunde waren häufig. Diese galten eine Zeit lang als besonders gute Treiber. Ins Zuchtbuch aufgenommen wurden aber nur die schwarzen mit den gelben und weissen Abzeichen, wobei weisse «Stiefel», eine völlig weisse Brust und ein breiter Halskragen nicht als zuchtausschliessend galten. Die Abzeichen waren häufig mehr blassgelb als braunrot, und die graubraune Unterwolle schimmerte durch das schwarze Deckhaar hindurch. Solche Mischlings-Bauernhunde sind bis heute im Appenzellerland verbreitet.

Durch züchterische Massnahmen können Körper- und Schädelgrösse, Form und Farbe der Hunde verändert werden. Einzelne Farbkomponenten des wildfarbigen Haares (gelb bzw. rot und schwarz) können reduziert, andere vergrössert werden. So ist es möglich, durch selektive Zucht weisse, schwarze oder

In Ausnahmefällen muss bei der Aufzucht auch einmal zur Schoppenflasche gegriffen werden

Mutterfreuden von Mutter und Tochter

Langsam geht es gegen Weihnachten. Meine beiden Appenzeller Sennenhündinnen, Culla und ihre Tochter Debbie, sind hoch trächtig. Die beiden verstehen sich gut. Am 16. Dezember war es bei Debbie so weit: Sie bekam sechs gesunde und hübsche Welpen. Culla schaute neidisch auf die Wurfkiste und wollte Debbie immer verdrängen. Endlich, am 21. Dezember, war es auch bei Culla so weit. Leider ging es nicht so gut wie bei Debbie. Culla brauchte einen Kaiserschnitt. Mitten in der Nacht um 1.00 Uhr mussten wir notfallmässig zum Tierarzt. Einem der Jungen war die Nabelschnur um den Kopf gewickelt. Dieses Tier war seit Tagen abgestorben. Das zweite, ein Rüde, hatte wohl zu viel Narkosemittel abbekommen und überlebte nicht. Aber das dritte, ein Weibchen, war gesund. Es war bei der Geburt allerdings nur 290 Gramm schwer. Wir fuhren nach Hause. Culla war noch von der Narkose benommen und fror. Ich richtete die Wärmelampe auf ihre Wurfkiste und bettete Culla mit ihrer kleinen Tochter hinein. Als alles still war, ging ich um 4 Uhr ins Bett.

Ich konnte aber nicht richtig schlafen, denn wer weiss, was da alles passieren konnte, wenn die Hündin noch nicht wieder richtig wach war, bei starken Nachwehen den Welpen zu Tode scharrt oder sich auf ihn legt, ohne es zu merken. Ich stand wieder auf, es war inzwischen 5.30 Uhr. Als ich zu Cullas Wurfkiste komme, ist nur noch das Kleine allein darin. Debbie aber lag traurig neben dem Tisch – und Culla? Die lag in Debbies Wurfkiste, die schönen grossen Welpen an Meinung, dass es so gehen müsste. Aber es funktionierte nicht. Piepste ein Welpe in Debbies Kiste, raste Culla sofort hin und schaute nach dem Rechten. Debbie knurrte und wollte ihre Ruhe. Die Situation war unbefriedigend. Mir kam die Idee, die Welpen zu teilen, denn Culla hatte sowieso zu viel Milch für nur ein Junges. Also gab ich Culla zwei von Debbies Welpen. So sollte es gehen. Doch nein, nun rannte Debbie bei jedem Quieken in die Kiste von Culla. Was für ein Theater! Ich musste mir etwas anderes einfallen lassen. Ich schnappte also Debbies Welpen, legte sie in Cullas Nest und befahl

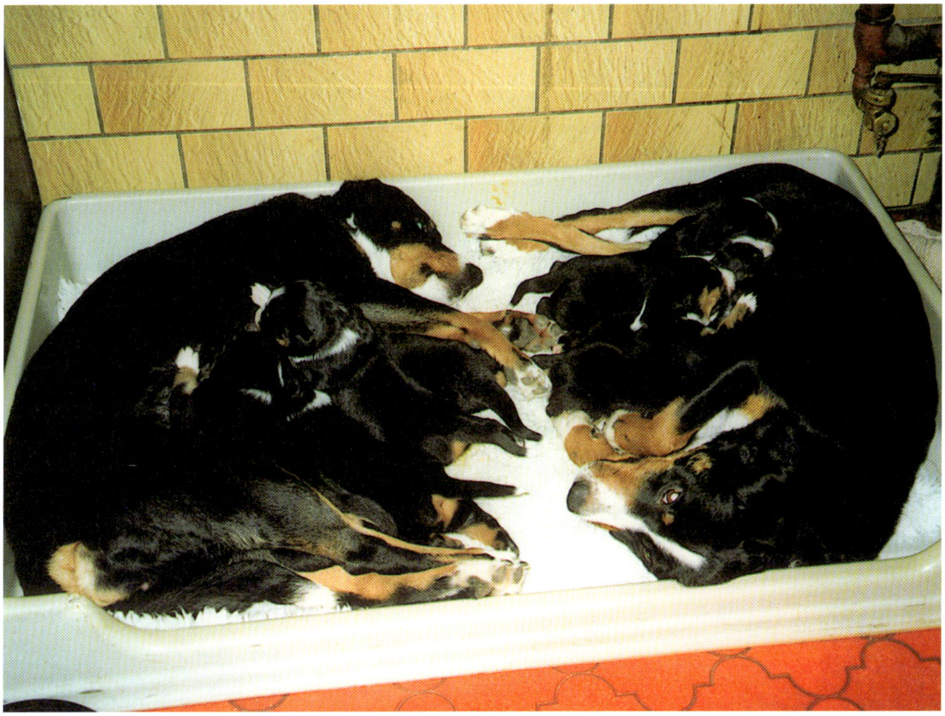

ihren Zitzen und war zufrieden und glücklich.

Culla war sich gewohnt, in dieser Ecke, wo nun Debbies Wurfkiste stand, ihre Jungen aufzuziehen. Also legte ich Debbies Welpen in die andere Wurfkiste und schickte Debbie zu ihren Jungen. Culla aber bettete ich in ihre gewohnte Kiste und gab ihr ihr Junges in der Debbie, sich dazuzulegen. Die zweite Wurfkiste stellte ich weg. Und siehe da – es funktionierte perfekt! Die beiden Hundemütter säugten alle Welpen, machten keine Unterschiede zwischen eigenen und fremden, und die Welpen hatten Milch im Überfluss. Sie pendelten von einem Euter zum anderen. Ein Happy End! *Doris Meier, Kollbrunn*

Zu zweit erkundet sich die Welt leichter

rote Fellfarbe zu «erzeugen». Auch die Anordnung der Farbe auf dem Fell (zweifarbig, dreifarbig, gestromt, gefleckt, gescheckt), die Beschaffenheit der Haarkleider (Langhaar, Stockhaar, Zotthaar, Seidenhaar, Kraushaar, Kurzhaar, Rauhaar) und der Haut (Falten- und Wammenbildung) kann verändert werden. Und selbst das Verhalten der Hunde kann züchterisch beeinflusst werden, indem bestimmte Verhaltensmuster gefördert oder unterdrückt werden. So macht die Förderung der Bereitschaft, das eigene Territorium zu verteidigen, einen Hund zum aggressiven Bewacher von Haus und Hof. Wird dieses Verhalten jedoch unterdrückt, wird der Hund alle fremden Besucher freundlich begrüssen. Gewisse Rassen zeigen eine hohe soziale Verträglichkeit, andere greifen Artgenossen sofort an. Es gibt Rassen, die überhaupt nicht jagen wie der Schäferhund und solche, deren Geruchssinn gerade für diesen Zweck gefördert wurde.

Im 19. Jahrhundert liegt die Geburtsstunde der Kynologie, der Wissenschaft vom Hund. Durch die einsetzende Industrialisierung und zunehmende Verstädterung, die sich unter anderem in einem Aufschwung des Mittelstands zeigte, und die gleichzeitige Förderung der Bildung veränderte sich die Gesellschaft in Mitteleuropa tiefgreifend. Die Abstammungslehre von Charles Darwin und die Vererbungslehre waren

Die Hündin bewacht ihre Jungen

einem breiteren Publikum zugänglich, was zu einer grundlegend neuen Haltung gegenüber der Tierwelt und damit auch gegenüber dem Haushund führte. Die sich entwickelnde Tierschutzbewegung verbot den Einsatz von Hunden für gefährliche oder ethisch unverantwortbare Aufgaben. Vor allem Ketten- und Zughunde erregten wegen ihrer oft erbarmungswürdigen Haltungsbedingungen Anstoss.

Obwohl als Nutztiere immer weniger gefragt und benötigt, verschwanden die Hunde nicht. Vielmehr setzte eine Rassezucht ein, die neue Hunderassen entwickelte und förderte. Es entstanden Rassehundeklubs und nationale kynologische Gesellschaften. Die ersten Hundstammbücher wurden eröffnet, die ersten Ausstellungen durchgeführt. Das Aussehen der Hunde wurde in internationalen Rassenstandards detailliert reglementiert und damit zum einzigen Kriterium für die Hundezucht. Die Gebrauchsauslese wurde in den Hintergrund gedrängt. Die Hundehaltung wurde zu einer Liebhaberei, einem Sport und Hobby für viele Menschen.

Das ursprüngliche Zuchtgebiet des Appenzeller Sennenhunds lag einst im Appenzellerland, was dem früher in der Ost- und Zentralschweiz sehr ver-

**«Du, Jokeb! Jetz sönd mini sechs junge Hönd scho älf Tag alt und all no blend.»
«Jää, Baartli! Das sönd weleweg gschydi Tierli; sü weerid teenke,
so en Esel, wie sie zomm-'me-ne Määschter heijid, chönid-s' denn all no lang gnueg aaluege.»**

Alfred Tobler

breiteten Treib- oder Sennenhund die Bezeichnung Appenzeller Sennenhund eintrug. Wie tief verwurzelt diese Rasse in der Tradition der Appenzeller Landschaft war, zeigt sich speziell im messingbeschlagenen Halsband, das dieser Hund seit jeher trägt. Die Verzierungen zeigen Szenen aus dem Sennenleben. Durch das Schliessen der Schnalle wird der Kreis geschlossen, der das Leben symbolisiert. Das breite Lederband diente und dient als Schutz gegen Verletzungen bei Kämpfen mit Wölfen, fremden Hunden und anderen Eindringlingen in seinem Revier.

Welpen entdecken ihre Umwelt und gewöhnen sich an andere Tiere und an Kinder

Heute begegnen dem Wanderer vor allem die zahlreichen Bastarde auf den Appenzeller Bauernhöfen. Diese oft aggressi-

Hündinnen und Welpen

Grosse Rassen haben durchschnittlich mehr Welpen pro Wurf als kleine. Kleine Rassen werfen im Verhältnis zum Körpergewicht des Muttertieres schwerere Welpen als grosse. Bei allen Rassen beträgt das durchschnittliche Wurfgewicht zirka zwölf Prozent des Muttergewichts. Pro Appenzeller Sennenhündin dürfen in der Regel pro Wurf acht Welpen aufgezogen werden; innert zweier Jahre dürfen höchstens zwei Würfe gezüchtet werden.

Das Halsband

Und noch etwas gehört zum Appenzeller Sennenhund, fast wie ein Rassemerkmal: Es ist das breite, altklassische Halsband, auf welchem in Messing graviert der Senn, seine Herde und sein «Triberli» erscheint.

Albert Heim

ven Mischlinge tragen dem rassereinen Appenzeller Sennenhund einen schlechten Ruf ein, der ihn unpopulär macht und immer wieder zu Zuchteinbrüchen führt. Im Appenzellerland und in der Ostschweiz finden sich heute nur noch wenige Züchter und Züchterinnen von Appenzeller Sennenhunden, in der ganzen Schweiz waren es 1999 gut dreissig; die Zahl der eingetragenen Zwingernamen ist aber weit höher. Dadurch ist die Zuchtbasis so eng geworden, dass der Appenzeller Sennenhund zu den gefährdeten Nutztierrassen der Schweiz zählt. Da viele Appenzeller Sennenhunde nicht mehr auf Bauernhöfen gehalten werden, wird heute bei der Zucht auch auf jene Charaktereigenschaften des Appenzeller Sennenhunds geachtet, die ihn als Familienhund auszeichnen.

Um Appenzeller Sennenhunde zu züchten, sollte die Freude am Hund im Vordergrund stehen und nicht ein finanzielles Interesse. Reinrassige Appenzeller Sennenhunde sind schwer zu verkaufen, da alle Bastarde, die ähnlich aussehen, für ein Trinkgeld zu haben sind.

Der Züchter bemüht sich, mittels Inserat seine Junghunde zu verkaufen. Die Junghundevermittlung des Schweizerischen Clubs für Appenzeller Sennenhunde SCAS vermittelt Adressen von Züchtern und berät potenzielle Käufer.

Was braucht es zum Züchten?

- Eine Hündin, die die Ankörung bestanden hat.
- Vor der Ankörung sollte die Hündin, der Hund einmal an einer Hundeausstellung in der Jugendklasse gezeigt werden. So können Besitzer und Hund Erfahrungen sammeln. Der Züchter kann sich Kaufinteressenten vorstellen und weiss, wie sein Hund von einem Experten beurteilt wird.
- Bei der Schweizerischen Kynologischen Gesellschaft muss ein Zwingername beantragt werden, was zirka 600 Franken kostet. Dieser Zwingername ist geschützt und darf innerhalb der FCI nur einmal gebraucht werden.
- Für die Aufzucht der Welpen muss ein geeigneter Platz vorhanden sein, der den Anforderungen des Zuchtreglements und des Tierschutzes entspricht.
- Die Welpen brauchen genügend Auslauf und Beschäftigung sowie Kontakt mit Menschen und Umwelt.
- Die Welpen müssen nach Plan entwurmt und geimpft werden.

Für angehende Züchterinnen bietet der Schweizerische Club

Cresta v. Jurarösli mit Baci v. Sunnestärn

für Appenzeller Sennenhunde eine Zuchtberatung an Ort und Stelle an. Weitere Informationen findet man im Zuchtreglement und erhält sie bei der Zuchtwartin. Aufgrund der Einträge im heute computerisierten Zuchtbuch kann die Zuchtbuchführerin dem Züchter Empfehlungen geben, mit welchem Tier er seinen Hund oder seine Hündin günstigerweise paare, um HD- und andere gesundheitliche Probleme oder Wesensunarten möglichst zu vermeiden.

Bei der Aufzucht der Welpen sollte grundsätzlich Folgendes beachtet werden:

Die Art der Aufzucht ist möglichst natürlich zu belassen. Auf künstliche Fütterung im Sinne von Aufpäppeln ist zu verzichten. Nur durch eigene Anstrengung erreichen Welpen jenes psychische Leistungsvermögen, das sie für ihr späteres Leben brauchen und das ihr selbstsicheres Wesen ausmacht. Deshalb sollte nur in Notfällen bei Geburt und Brutpflege eingegriffen werden. Sonst wird die Entwicklung der natürlichen Selbständigkeit von Hündin und Welpen gestört.

Die Wurfkiste soll so platziert werden, dass ihre Umgebung, entsprechend der Entwicklung der Welpen, kontinuierlich zu einem Abenteuerspielplatz ausgebaut werden kann.

Die Aufzuchtsbedingungen, die die Welpen bei ihrer Züchterin finden, sind ein überprüfbares Qualitätsmerkmal der Zucht und genauso wichtig wie die genetischen Voraussetzungen.

Wurfmeldungen:

Jahr	*Hündinnen*	*Rüden*
1994	84, aufgezogen: 64	63, aufgezogen: 52
1995	61, aufgezogen: 52	54, aufgezogen: 39
1996	60, aufgezogen: 46	81, aufgezogen: 54
1997	93, aufgezogen: 74	95, aufgezogen: 67
1998	99, aufgezogen: 78	92, aufgezogen: 64
1999	80, aufgezogen: 52	75, aufgezogen: 54
2000	70, aufgezogen: 57	69, aufgezogen: 47
2001	50, aufgezogen: 40	41, aufgezogen: 33
2002	85, aufgezogen: 68	103, aufgezogen: 69
2003	87, aufgezogen: 80	93, aufgezogen: 74
2004	57, aufgezogen: 55	56, aufgezogen: 48
2005	60, aufgezogen: 41	67, aufgezogen: 49
2006*	64, aufgezogen: 59	70, aufgezogen: 60

* Stand: 20.11.2006

Ankörung

Durch die Ankörung oder Zuchtmusterung versuchen die Rassehundeclubs die Zucht einer Rasse zu vereinheitlichen. Regelmässige Ankörungen, deren Ergebnisse in einer zentralen Kartei registriert werden, erlauben zuverlässige Rückschlüsse auf das Erbgut einzelner Tiere oder ganzer Zuchtlinien. Bei der Ankörung werden verschiedene Daten zusammengetragen: Zuchtwerte von Vorfahren und Geschwistern, Qualität der Nachkommen, eigene Fähigkeiten, Qualitäten und Leistungen eines Tieres.

Die Ankörung umfasst verschiedene Posten, die angelaufen werden. Der Wesenstest findet im Gelände statt. Was für Laien wie ein lustiger Spaziergang aussieht, verlangt von den beur-

Bei der Ankörung wird die Widerristhöhe des Hundes gemessen …

… und auch eine Gebisskontrolle gehört dazu

teilenden Zuchtverantwortlichen des Clubs Aufmerksamkeit und gute Beobachtung. So ergibt sich ein aufschlussreiches Bild über die Wesensverfassung des Hunds und über sein Verhältnis zu Meisterin oder Meister.

Ankörungsbedingungen

- Mindestalter: 18 Monate
- Eintrag des Hunds im Schweizer Hundestammbuch S.H.S.B.
- Der Eigentümer muss durch die Stammbuchverwaltung der SKG auf der Abstammungsurkunde eingetragen sein.
- HD-Röntgen: Mindestalter 15 Monate. Die Auswertung der Aufnahmen muss in den Tierspitälern Bern oder Zürich erfolgen.
- Der Anmeldung muss eine Kopie des Abstammungsausweises und des Zahlungsbeleges beigelegt werden.
- Zur Ankörung muss das Original des Abstammungsausweises und das Original des HD-Attestes mitgebracht werden.

- Zugelassen werden Hunde mit HD-Grad A (= HD-frei), HD-Grad B (Übergangsform) und HD-Grad C.
- Hitzige Hündinnen können nach vorheriger Absprache mit dem Zuchtwart zugelassen werden.

Die Ankörung beinhaltet neben dem Wesenstest eine Exterieurbeurteilung sowie den HD-Befund. Die Hündin, die zur Zucht frei gegeben wird, muss beide Teilprüfungen bestehen, wobei bei Nicht-Erreichen der Mindestpunktzahl die Möglichkeit besteht, an der nächsten Ankörung noch einmal teilzunehmen.

Zahl der angekörten Tiere:

Jahr	*Hündinnen*	*Rüden*
1995	9	3
1996	6	3
1997	9	5
1998	10	9
1999	12	8
2000	1	1
2001	5	3
2002	8	3
2003	2	3
2004	4	3
2005	8	3
2006	4	4

2006 standen 28 Hündinnen und 29 Rüden in der Zucht.

Ausstellungen

Am 25. Mai 1924 fand in der Reitbahn Kreuzbleiche in St. Gallen die erste Spezialausstellung für schweizerische Sennenhunde statt. Ausstellungen sind Werbeveranstaltungen für die Züchterinnen und Züchter. Sie können dort ihre Hunde präsentieren und mit anderen vergleichen.

An den Ausstellungen werden die Hunde nur nach Schönheit beurteilt. Der Pflegezustand eines Hunds spricht aber vor allem von der Tierliebe seines Halters. Der Charakter eines Hunds bleibt bei der Bewertung als solcher unberücksichtigt. Aber da sich der Hund aufgerichtet, mit gestrafftem Körper, in gespannter Haltung, mit interessiertem Gesichtsausdruck, gestellten Ohren und gerolltem Schwanz zeigen soll, wird auch viel von seinem Wesen sichtbar. Das gilt auch für die Gebisskontrolle, ohne die der Hund disqualifiziert wird sowie für das Gehen und Traben an der Leine.

IHA St. Gallen, 9. Mai 1998, 1. Kathrin Stalder mit Harmonie v. Bärgfrüehlig, 2. Doris Meier-Fritsche mit Debby v. Brünggberg

München 1914

Im Frühling 1914 haben wir an einer grossen Ausstellung in München zum ersten Male Schweizer Sennenhunde im Auslande gezeigt. Grosse, Berner, Appenzeller waren in zusammen 20 guten Tieren erschienen. Diese Gruppe machte grosses Aufsehen. Der König (Ludwig III. von Bayern) liess sich die drei Typen von mir vorführen und erläutern. Die Zeitungen von München berichteten, der ‹Glanzteil› der Ausstellung, etwas noch nie Gesehenes, sei die Gruppe der Schweizer Sennenhunde. Es knüpften sich daran eine ganze Anzahl von Bestellungen, aber mit dem Kriegsausbruch wurde alles wieder zurückgenommen.

Albert Heim

An einer internationalen Hundeausstellung (IHA) werden zirka 1500 Hunde gezeigt. Je früher ein Hund zum ersten Mal an einer Ausstellung mit dabei war, desto ruhiger wird er sich später verhalten. Denn Ausstellungen sind von einem aggressiven Klima geprägt, weil alle Hundeführerinnen und -führer ihren Hund für den Schönsten und Besten halten und unbedingt einen Pokal mit nach Hause nehmen wollen. Ein materieller Vorteil ist damit nicht verbunden, allenfalls können

IHA St. Gallen, 9. Mai 1998, bei der Gebisskontrolle

ÖSTERREICHISCHER KYNOLOGENVERBAND

ÖKV

INTERNAT. HUNDEAUSSTELLUNG DORNBIRN 1993

Rasse	APPENZELLER SENNENHUNDE
Katalog-Nr.	1323
Ring-Nr.	13
Geschlecht	HÜNDIN
Name des Hundes	Fanny v. Schwarzwaldblick
Wurf-Datum	5.05.92
Klasse	OFFENE
Zuchtbuch-Nr.	SHSB 487836
Datum	5.9.93
Besitzer	Meier Doris, Kollbrunn

BESCHREIBUNG

16 Monate alt, etwas kleine gut prop. Hündin guter Kopf, volles Scherengebiss, gute Ohren, Rücken leicht nachgebend, gute Brusttiefe, Hinterhand sollte besser gewinkelt sein, flüssige Bewegung in der Hinterhand leicht pflatschig schöne Farben

BEWERTUNG

- vorzüglich [X] [2]
- sehr gut [ ]
- gut [ ]
- befriedigend [ ]
- genügend [ ]
- nicht genügend [ ]
- ohne Bewertung [ ]

- Jugendbeste/r [ ]
- CACA [ ]
- Res. CACA [X]
- CACIB [ ]
- RES. CACIB [ ]
- BOB [ ]
- ohne Titel [ ]

Jüngstenklasse:
- vielversprechend [ ]
- versprechend [ ]
- noch entsprechend [ ]
- nicht entsprechend [ ]

Besondere Titel:

Unterschrift des Richters

Name des Richters

MOORE O 09751 - 6/93

WHA 1994 Bern 9.-12. Juni 1994

Rasse / Race - Varietät / Variété	Appenzeller Sennenhund
Name des Hundes / Nom du chien	Fanny v. Schwarzwaldblick
Klasse/Clas…	OK
Geschlecht / Sexe	Hündin
Stammbuch-Nr. / No du livre d'origine	487836
Eigentümer / Propriétaire	Meier-Fritsche Doris, Kollbrunn

Richterbericht / Rapport du juge

Kräftige knochenstarke Hünd… von guter Grösse Ausdruc… Kopf mit einem etwas zu… kräftigem Oberkopf. Körp… kräftig u. kompakt … überbaut.
Gangwerk regelmässig vorne pflatschig, … teilweise.

Qualifikation / Qualification	SEHR G…
Spezielle Auszeichnungen / Mentions spéciales	
Der Richter / Le juge	

Verteiler / Distributeur: weiss / blanc = Aussteller / Exposant; grün / vert = Rasseclub / Club race; gelb / jaune = …; rosa / rosé = …

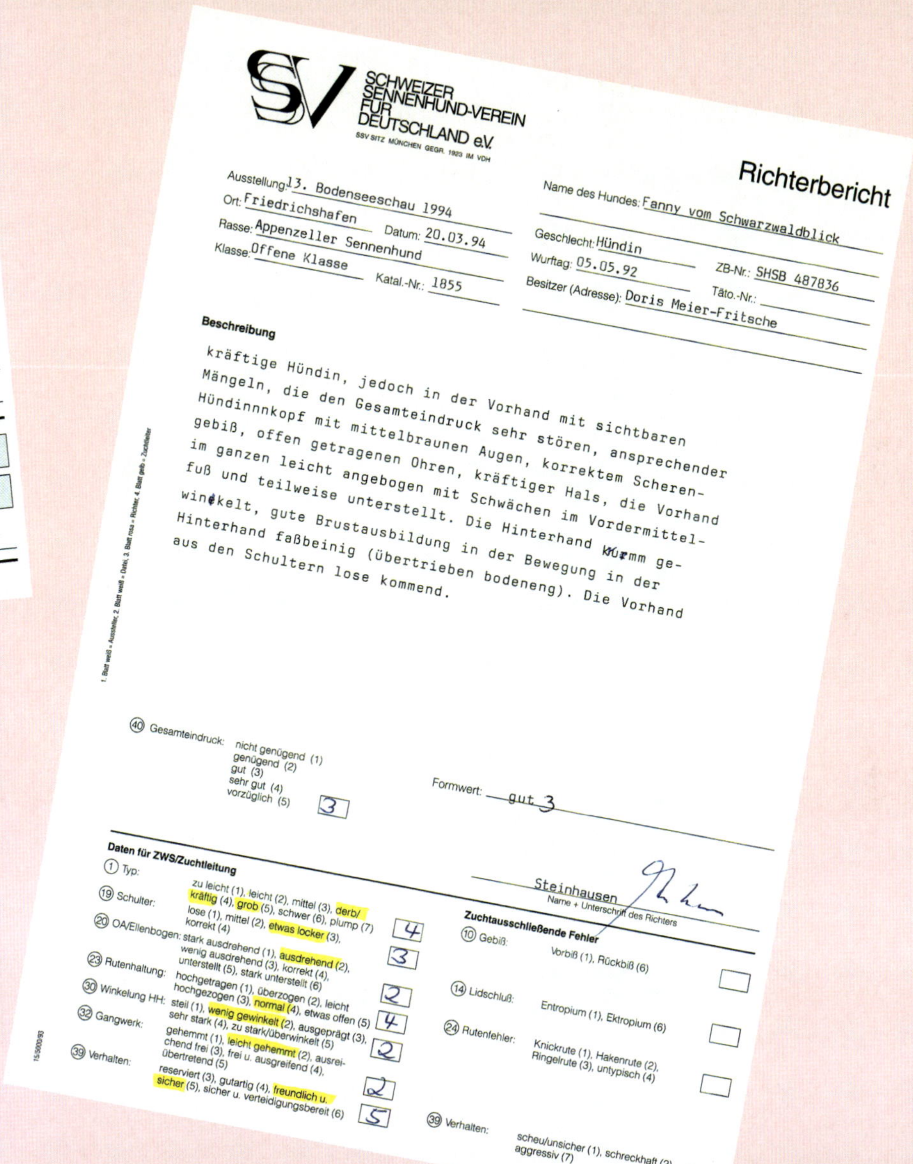

SCHWEIZER SENNENHUND-VEREIN FÜR DEUTSCHLAND e.V.

SSV SITZ MÜNCHEN GEGR. 1923 IM VDH

Richterbericht

Ausstellung: 13. Bodenseeschau 1994

Ort: Friedrichshafen Datum: 20.03.94

Rasse: Appenzeller Sennenhund

Klasse: Offene Klasse Katal.-Nr.: 1855

Name des Hundes: Fanny vom Schwarzwaldblick

Geschlecht: Hündin

Wurftag: 05.05.92 ZB-Nr.: SHSB 487836

Besitzer (Adresse): Doris Meier-Fritsche Täto.-Nr.:

Beschreibung

kräftige Hündin, jedoch in der Vorhand mit sichtbaren Mängeln, die den Gesamteindruck sehr stören, ansprechender Hündinnnkopf mit mittelbraunen Augen, korrektem Scherengebiß, offen getragenen Ohren, kräftiger Hals, die Vorhand im ganzen leicht angebogen mit Schwächen im Vordermittelfuß und teilweise unterstellt. Die Hinterhand krumm gewinkelt, gute Brustausbildung in der Bewegung in der Hinterhand faßbeinig (übertrieben bodeneng). Die Vorhand aus den Schultern lose kommend.

(40) Gesamteindruck: nicht genügend (1), genügend (2), gut (3), sehr gut (4), vorzüglich (5) [3]

Formwert: gut 3

Steinhausen

Name + Unterschrift des Richters

Daten für ZWS/Zuchtleitung

(1) Typ: zu leicht (1), leicht (2), mittel (3), derb/kräftig (4), grob (5), schwer (6), plump (7) [4]

(19) Schulter: lose (1), mittel (2), etwas locker (3), korrekt (4) [3]

(20) OA/Ellenbogen: stark ausdrehend (1), ausdrehend (2), wenig ausdrehend (3), korrekt (4), unterstellt (5), stark unterstellt (6) [2]

(23) Rutenhaltung: hochgetragen (1), überzogen (2), leicht hochgezogen (3), normal (4), etwas offen (5) [4]

(30) Winkelung HH: steil (1), wenig gewinkelt (2), ausgeprägt (3), sehr stark (4), zu stark/überwinkelt (5) [2]

(32) Gangwerk: gehemmt (1), leicht gehemmt (2), ausreichend frei (3), frei u. ausgreifend (4), übertretend (5) [2]

(39) Verhalten: reserviert (3), gutartig (4), freundlich u. sicher (5), sicher u. verteidigungsbereit (6) [5]

Zuchtausschließende Fehler

(10) Gebiß: Vorbiß (1), Rückbiß (6) [ ]

(14) Lidschluß: Entropium (1), Ektropium (6) [ ]

(24) Rutenfehler: Knickrute (1), Hakenrute (2), Ringelrute (3), untypisch (4) [ ]

(39) Verhalten: scheu/unsicher (1), schreckhaft (2), aggressiv (7) [ ]

1. Blatt weiß = Aussteller, 2. Blatt weiß = Datei, 3. Blatt rosa = Richter, 4. Blatt gelb = Zuchtleiter

15/5000/93

Richterberichte von Fanny v. Schwarzwaldblick aus Österreich, der Schweiz und aus Deutschland

Welpen einer prämierten Zuchthündin etwas teurer verkauft werden.

Für den Hund ist eine Ausstellungsteilnahme äusserst anstrengend. In den Ausstellungshallen ist es laut. Hunde bellen, Menschen schreien. Hektik und Ungeduld ist spürbar. Es ist für jeden Hund eine grosse Leistung unter diesen Umständen, sich in sein Maul schauen zu lassen, schön an der Leine durch die Arena zu gehen und sich durch die Rassen- und Artgenossen hinter und vor ihm nicht irritieren zu lassen. So wird indirekt auch das Wesen eines Hunds getestet: An einer Ausstellung lernt der Hund, extreme Belastungen auszuhalten. Dabei kann sich sich ein Hund einmal gut zeigen und das nächste Mal unsicher wirken – je nach Tagesform und Umständen.

Pro Rasse wird durch einen Richter oder eine Richterin, die eine theoretische und praktische Prüfung als Ausstellungsrichter abgelegt haben, ein Tagessieger und eine Tagessiegerin erkoren. In einem zweiten Durchgang treten die Tagessieger und -siegerinnen aller Rassen gegeneinander an. Das Richten beruht auf den Kriterien des Rassenstandards und lässt individuellen Spielraum. Albert Heim, der als erster Appenzeller Sennenhunde als Ausstellungsrichter beurteilt hatte, schrieb in seinem Büchlein über die Schweizer Sennenhunde: «Die Richter an den Ausstellungen haben oft die liebe Not, den einen über statt neben den anderen zu stellen. Je ausgeglichener die Rasse, desto schwieriger das Richten. Die Hauptsache bei der Beurteilung liegt doch immer darin, dass das Tier keinen Fehler als Hund überhaupt habe und dass es den Typus und das Originelle der Rasse gut ausgeprägt aufweist. Das Letztere lässt sich oft gar nicht einfach in Worte zergliedern, es muss dem Richter im Auge und im Gefühl liegen. Wer diese Art raschen und sicheren Blickes, dieses Erfassen nicht hat,

Goldmedaille für Sennenhündin

Am 13. und 14. September 1969 fand in Mülhausen die grosse internationale Hundeausstellung «Exposition Canine internationale Mulhouse» statt. Herr Franz Fritsche, Steig, Appenzell, beteiligte sich mit seinem Appenzeller Bläss «Kandia von der Steig» in der offenen Klasse der Gruppe Appenzeller Sennenhunde. Vor einer starken Konkurrenz errang die hübsche Hündin in ihrer Schönheit die wertvolle Goldmedaille. Hierzu gratulieren wir herzlich und hoffen weiterhin auf viel Erfolg.

Appenzeller Volksfreund vom 20.9.1969

kann nicht Richter sein und kein Punktierungssystem vermag ihm zu helfen. Sollen wir beim Appenzeller Sennenhund strenger auf schönste Farbzeichnung achten? Nein, wenn alle darin gleich wären, so wäre das langweilig. Sollen wir versuchen, den aufgerollten Schwanz zu strecken? Wäre dies nicht schöner? Nein, dann ginge ein köstlicher, humorvoller Zug an dem Tiere verloren und zugleich ein doch interessanter Unterschied von den anderen Sennenhunden – und das wäre fast nicht möglich. Denn ich bin überzeugt, dass schon vor 800 Jahren meine Vorfahren in Innerrhoden das ‹schön aufgeringelte Schwänzchen› ihres Blässli gerühmt haben. Was Jahrhunderte gewollt und geschaffen haben, das bringen wir in einigen Jahrzehnten nicht weg und würden dem Züchter eine Quelle von Verdruss schaffen. Ich bin der Meinung, wir sollen den Ringelschwanz dem Appenzeller lassen, wie dem Mops und dem Spitz. Zudem ist das Schwänzchen des Appenzeller Sennenhunds meistens in einer ganz besonders originellen Art aufgewickelt. Der äusserste Teil ist fast immer mit der Spitze seitlich eng, fast wie eine Schnecke gerollt. Im Stand hängt der obere Teil herab, die Spitze bleibt seitlich gewickelt. Sobald das Tier in Bewegung tritt, rollt er dazu noch die innere Hälfte des Schwanzes bis an die Wurzel nach oben auf.»

Die Halter von Appenzeller Sennenhunden in der Schweiz sind keine grossen Liebhaber von Hundeausstellungen. So sind die Appenzeller Sennenhunde an internationalen und nationalen Hunde-Ausstellungen meistens nur mit 8 bis 10 Hunden vertreten. Wenn eine Club-Schau innerhalb einer internationalen Ausstellung angesagt ist, ist die Beteiligung höher und es können 20 bis 30 Appenzeller Sennenhunde auf dem Platz sein, da es für jeden Teilnehmer interessant ist, Vergleiche zu ziehen. Für Clubschauen wird jeweils eine Spezialrichterin für Appenzeller Sennenhunde verpflichtet.

Im Jahr 2004 hat der SCAS eine Ausstellung als Probelauf für das 100-jährige Club-Jubiläum in Appenzell im Jahr 2006 organisiert. In Stein nahmen 76 Hunde teil. In Appenzell wurden 116 Appenzeller Sennenhunde vorgeführt. Wie an fast jeder Ausstellung überwogen die Teilnehmer aus dem Ausland – 21 aus Deutschland, 15 aus Italien, 10 aus Finnland, 9 aus Schweden, 5 aus Österreich, 2 aus Holland, 2 aus Tschechien und 1 aus Belgien; aus der Schweiz waren 51 Hunde mit dabei.

Internationaler Appenzeller Sennenhund

Schon sehr bald nach Entstehung der Rasse sind Appenzeller Sennenhunde ins Ausland verkauft worden. Wo genau welche Hunde hinkamen, wurde und wird nirgends erhoben. Heute weiss man von registrierten Züchtern in Holland, Deutschland, Finnland, Italien, Österreich, Belgien, in anderen europäischen Staaten und in den USA. Man hat auch Kunde von Appenzeller Sennenhunden in Japan, Kanada, Costa Rica und in der Karibik. Die niederländische Vereinigung der Appenzeller, Entlebucher und Grossen Schweizer Sennenhunde verzeichnete im November 1996 146 Appenzeller Sennenhunde

Erfolg unseres Sennenhundes!

An der internationalen Hundeausstellung vom 29./30. Mai 1965 in Basel war unser Club mit 20 Hunden vertreten. Der Publikumsandrang an unseren Boxen war wiederum ein Beweis für das zunehmende Interesse, das man unseren urwüchsigen Schweizer Hunderassen entgegenbringt. Die Herren Richter (A. Tanner, Gonten, J. Sutter, Appenzell, F. Fritsche, Appenzell) hatten keine leichte Aufgabe, die Fehler und Vorzüge der einzelnen Hunde zu erkennen. Dies umso weniger, als die ausgestellten Tiere ein ziemlich ausgeglichenes Bild zeigten. Die zielbewusste Zuchtförderung des Clubs für Appenzeller Sennenhunde trägt heute eindeutig seine Früchte. Es ist deshalb nicht verwunderlich, dass immer mehr Sennenhunde ins Ausland exportiert werden, wo sie in zunehmendem Masse Liebhaber finden. Bedauerlich ist, dass sich im Appenzellerland nur vereinzelt Züchter für unseren heimischen Hund einsetzen. Man überlässt es scheinbar lieber Auswärtigen, die Ehre des Appenzeller Sennenhunds zu retten, und man ist versucht zu sagen, dass auch hier der Prophet im eigenen Land nichts gilt!

Ausstellungen sind Standortbestimmungen. Sie zeigen das erreichte Zuchtniveau und weisen den Weg in die Zukunft. Daneben aber sollen Hundeausstellungen das Verständnis und das Interesse für unsere vierbeinigen Freunde wecken, und nicht zuletzt auch für jede einzelne Rasse Propaganda sein. Der Appenzeller Sennenhund hat sich heute in der internationalen Kynologie seinen Platz erobert, und es ist nur zu hoffen, dass das Interesse, das man ihm auswärts entgegenbringt, auch wieder vermehrt in seinem Stammlande anzutreffen ist. Nächstes Jahr sind es 60 Jahre her, seitdem sich in Appenzell einige bodenständige Männer zusammenfanden, um den im Aussterben sich befindenden Appenzeller Sennenhund zu retten. Die Ausstellung in Basel bestätigte einmal mehr, dass sich die Mühe gelohnt hat. Es ist nur zu hoffen, dass sich in Zukunft junge, bodenständige Appenzeller für «unseren» Hund einsetzen und mit Erfolg für die Verbreitung des rassereinen Sennenhunds besorgt sind.

Appenzeller Volksfreund, 5.6.1965

in ihrem Zuchtbuch; für die Schweiz gab sie die Zahl mit 96 und für Deutschland mit 71 an.

Der Schweizer Sennenhundverein für Deutschland wurde 1923 durch Nanny Behrens-Sieber, der Gattin des Kunstmalers Franz Behrens, gegründet. 1926 wurden an der Hundeausstellung in München in einer Spezialausstellung Berner und Appenzeller Sennenhunde gezeigt, die auf ein grosses Publikumsinteresse stiessen. 1933 erschien das erste Appenzellerzuchtbuch in Deutschland. Darin sind drei Appenzeller-Sennenhund-Zwinger und 17 Hunde eingetragen, vier davon waren aus dem «Mutterlande» importiert worden. Nanny Behrens begründete 1923 die deutsche Berner- und Appenzeller-Sennenhund-Zucht mit dem Zwingernamen «vom Sieberhaus».

Der amerikanische Club für Appenzeller Sennenhunde – Appenzell Mountain Dog Club of America AMDCA – wurde 1990 gegründet. Im Club sind 25 Hunde mit Stammbaum registriert und er zählt rund 50 Mitglieder. Der Club schätzt, dass es in den Vereinigten Staaten weitere 25 bis 30 nicht registrierte Tiere gibt, so dass 1999 in den USA zirka 60 Appenzeller Sennenhunde lebten. In den USA gibt es, so haben zwei engagierte Schweizer Züchterinnen 1997 erkundet, keine zur Blutauffrischung der Schweizer Zucht geeigneten Rüden.

Der Schweizerische Club für Appenzeller Sennenhunde legt keinen Wert darauf, die Hunde in allzu weit entfernte Länder zu exportieren. Denn dort gehen sie der Zucht verloren. Die Abstammungsscheine von Nachkommen solcher Hunde werden von der SKG nicht anerkannt. Der Club möchte daher seine Absatzgebiete auf Westeuropa und Skandinavien beschränken.

Im Prinzip aber ist es jedem Züchter freigestellt, wohin er seine Hunde verkauft. Wichtiger als der Ort, an den der Welpe hinkommt, ist die Person, zu der er kommt. Was sind ihre Beweggründe, sich für einen Appenzeller Sennenhund zu entscheiden? Wer einen Appenzeller Sennenhund wegen seines ansprechenden Äusseren kauft, wird dem Hund nicht gerecht; Käuferin und Käufer sollten um das Wesen und die Eigenarten der Rasse wissen und sich bewusst dafür entscheiden. Um die künftigen Halter persönlich kennen zu lernen, ist es wichtig, dass sie ihren Welpen selbst bei der Züchterin auslesen und sich von ihr beraten lassen.

Gefährdung der Rasse

Von Anfang an stand die Zucht des Appenzeller Sennenhunds auf einer schmalen Basis. Immer wieder drohte die Rasse auszusterben. Aber immer wieder fanden sich Menschen, die sich für sie einsetzten. Das waren am Anfang der Rassegeschichte Max Siber und Albert Heim und 60 Jahre später der Kynologe Hans Stadtmann, Zürich, der sagte: «Es geht heute darum, diese Schweizer Hunderasse als kostbares Erb- und Kulturgut zu bewahren und den Fortbestand dieser Rasse zu sichern. Zwei Wege zeichnen sich ab. Entweder die Erhaltung der bisherigen Zuchtziele, die vorwiegend auf landwirtschaftliche Bedürfnisse ausgerichtet sind, oder eine die Zukunft bejahende Vereinspolitik, welche eine Abkehr von liebgewonnenen Vorstellungen und Illusionen bedingt. Eine harte, aber logische Schlussfolgerung. Wird sie nicht ernst genommen und mit den notwendigen Konsequenzen behandelt, wird die Entwicklung darüber hinweg rollen. Was also soll der Nachwelt hinterlassen werden: ein bodenständiger Hüte- und Treibhund, dessen potenzielle Käufer langsam aber sicher abnehmen, oder ein schön gebauter, einwandfreier Wesenshund, der sowohl auf dem Land wie auch in der Stadt auf einen zunehmenden Liebhaberkreis rechnen kann? Weil dem Appenzeller Sennenhund sein Temperament, seine Pfiffigkeit,

 Cindy v. Gantrisch

Cindy v. Gantrisch

seine Wesensgrundlage, seine Konstitution und seine Leistungsfähigkeit, – alles Voraussetzungen, die ihn geradezu zu einem der besten Gebrauchshunde prädestinieren, – erhalten bleiben sollen, scheint es mir das Nächstliegende zu sein, die Sportkynologie in zunehmendem Masse für ihn zu interessieren. Damit erhielte er einen neuen Lebensinhalt, der seinen angestammten Eigenschaften weitgehend entspricht und bei verständiger Ausbildung zu grossen Erfolgen führen dürfte. Dieses Bestreben muss in Zukunft Zuchtziel, Werbung und Clubgeschehen entscheidend beeinflussen!»

Alarmierende Feststellungen im Bulletin des Schweizerischen Clubs für Appenzeller Sennenhunde schreckte die Leserinnen und Leser im Jahr 1995 auf: Als Folge intensiver Zuchtpraktiken ist der Inzuchtgrad bei den Appenzeller Sennenhunden in ständiger Zunahme. Dadurch steigt die Gefahr von

Nächste Doppelseite: Schaugruppe beim Training in Reute AR: alleine sitzen

Training der Schaugruppe: beim Springen …

Erbdefekten wie Hüftgelenk-Dysplasie, Enuresis, Knickruten, Verengung des Schlundes etc. Bei Inzucht gehen laufend Gene verloren. Nur die Paarung möglichst wenig verwandter Tiere kann hier Abhilfe schaffen. Die Zuchtkommission will helfen, entsprechende Partner zu finden.

Die Zuchtbasis des reinrassigen Appenzeller Sennenhunds ist vor allem in der Schweiz sehr eng. Auch auf den Appenzeller Bauernhöfen, seinem Ursprungsgebiet, ist der reinrassige Appenzeller Sennenhund selten, der Mischlingsbläss aber weitherum berühmt und berüchtigt. Diese vielfach unerzogenen Hofhunde vermehren sich meist ohne gezielte Paarung. Die Reinrassigkeit wurde früher dadurch erreicht, dass Hündinnen in der Nachbarschaft gedeckt wurden, wo gleichartige Hunde gehalten wurden. Aufgezogen wurden nur die besten Tiere, wobei Genügsamkeit, Wachsamkeit, Unbestechlichkeit und gute Viehtreibeeigenschaften die Selektionskriterien bildeten. Da aber auch im Appenzellerland viele andere Hunderassen gehalten werden, funktioniert das traditionelle Zuchtsystem seit Langem nicht mehr.

Um die Zuchtbasis zu erweitern, haben die schweizerische Stiftung Pro Specie Rara und der Schweizerische Club für Appenzeller Sennenhunde ein Rüdenbeschaffungsprogramm initiiert. Es wurde versucht, Bastardrüden zu finden, die dem

… und beim «Platz»

Rassenstandard in hohem Mass entsprachen und die HD-frei waren. Es stellte sich aber heraus, dass Bastarde nicht gesünder sind als reinrassige Hunde, auch wenn der Volksmund das behauptet; sie werden einfach weniger systematisch tierärztlich untersucht. Die Suche musste letztlich ergebnislos eingestellt werden. Im Nachhinein hat der SCAS erfahren, dass, wenn ein Rüde gefunden worden wäre, die SKG ihn nicht als Zuchtrüden anerkannt hätte. Diese Hürde besteht immer noch und verhindert auch künftig, die Blutbasis für die Appenzeller-Sennenhunde-Zucht in der Schweiz zu erweitern.

Hingegen brachte das 1997 zusammen mit der Pro Specie Rara lancierte Projekt «Appenzeller Sennenhunde auf Appenzeller Bauernhöfen» einen kleinen Erfolg. Das Projekt wollte einen Beitrag leisten, dass die Rasse in ihrem Ursprungsgebiet wieder mehr geschätzt wird. In ihrem Aufruf an die Bäuerinnen und Bauern im Appenzellerland und seiner näheren Umgebung betonte die Stiftung Pro Specie Rara, dass der Appenzeller Sennenhund ein «kostbares, lebendiges Erb- und Kulturgut» sei, in dem gute Charakterzüge ursprünglich und unverdorben vorhanden seien. Es konnten 9 reinrassige Rüden auf Appenzeller Bauernhöfen platziert und ein neuer Züchter gewonnen werden. Die 9 Rüden wurden von der PSR bezahlt und die Besitzer mussten verschiedene Auflagen erfüllen: Von den Besitzerinnen und

Schaugruppe bei der Vorführung in St. Peterzell: Bei-Fuss-Gehen und allein sitzen

Besitzern der Hunde wurde eine artgerechte Haltung und Fütterung, Einsatz des Hundes als Wach-, Hüte- und Treibhund, die kostenlose zur Verfügungstellung als Deckrüde sowie die Teilnahme an der für einen Zuchteinsatz vorgeschriebenen Wesensprüfung und an der Treibhundeprüfung verlangt.

Den meisten dieser Rüdenhalter ging es aber nicht um die Erhaltung des reinrassigen Appenzeller Sennenhundes, wie sich herausstellte, sondern sie hatten sich vor allem gemeldet, weil sie gratis einen Hund bekamen. Von diesen 9 Rüden waren Ende 2006 noch drei im Einsatz auf Bauernhöfen im Appenzellerland, einer ist verschollen, einer wurde erschossen, einer kastriert, einer musste wegen Aggressivität umplatziert werden und einer entpuppte sich als Mischling.

Der Club für Appenzeller Sennenhunde bemüht sich seit seiner Gründung im Jahr 1906, eine abstammungskontrollierte Zucht zu führen und hat dadurch erreicht, dass es den reinrassigen Appenzeller Sennenhund bis heute gibt, wenn auch meist ausserhalb seines ursprünglichen Gebietes. Für die Bauern erwies es sich als zu aufwändig, für eine reinrassige Deckung ihrer Hündin grosse Wege auf sich zu nehmen. Ausserdem waren ihnen die reinrassigen Hunde, die um 800 Franken kosten, zu teuer. Sie bevorzugten deshalb Mischlinge, die schon für 50 Franken zu haben sind.

Frucht dieser Bemühungen um den Appenzeller Sennenhund war unter anderem die Einladung an die Olma 1996. Es war die erste Einladung an die Olma, die der SCAS erhalten hatte. Die Appenzeller Sennenhunde präsentierten sich als Arbeits-, Sport- und Familienhunde.

1996 sind drei Züchterinnen mit ihren Hündinnen nach Deutschland und Holland gefahren, um sie decken zu lassen und frisches Blut in die Schweiz zu importieren. 1997 beschloss die Zuchtkommission, zwei Rüden und zwei Hündinnen aus Finnland zu importieren. Im Sommer 1997 kaufte sie einen Rüden und eine Hündin in Österreich. Im Juli 1997 gab es 20 rassereine Hündinnen und 15 Rüden im Appenzellerland, 200 Rassetiere sind es in der ganzen Schweiz. Ende 1997 stellte die Zuchtkommission fest, dass für 23 Würfe nur zwölf Deckrüden verwendet wurden. Einmal mehr rief sie die Züchterinnen und Züchter auf, für die Deckung ihrer Hündin nicht vor einer grösseren Reise zurückzuschrecken.

Um das Image des Appenzeller Sennenhunds zu verbessern, gibt es seit 1998 eine Schaugruppe, in der sich acht Hundeführerinnen engagieren. Sie zeigen in Ausstellungsarenen, wozu Appenzeller Sennenhunde fähig sind, wenn sie richtig erzogen, gefördert und trainiert werden.

Verwendung

Idealer Partner für den Hundesport

Der Appenzeller Sennenhund ist ein sehr lernfreudiger Hund und fühlt sich nur wohl, wenn er ausreichend beschäftigt ist. Durch seine ausgeprägte Veranlagung zum Treiben und Hüten von Viehherden eignet er sich immer noch für diese ursprüngliche Verwendung. Der Club für Appenzeller Sennenhunde bietet spezielle Ausbildungskurse für Treibhunde an. Ruedi Wäfler, Frutigen, war ein Spezialist auf diesem Gebiet und hatte sich intensiv mit dem Treiben auseinandergesetzt. Daneben gibt es heute eine Vielzahl anderer Aufgaben, die der Appenzeller Sennenhund freudig und temperamentvoll ausführt. Der Hundesport bietet viele Möglichkeiten dafür.

Der Bewegungsdrang des Appenzeller Sennenhunds, seine grosse Führerbezogenheit und seine Gewandtheit lassen ihn zu einem sicheren und sehr führigen Agilityhund werden.

Als Begleithund erfreut er sich wachsender Beliebtheit. Er eignet sich auch bestens für den Schutzdienst. Allerdings fin-

Die Neugier und Spiellust des Appenzeller Sennenhunds macht ihn zum beliebten Sporthund

Der originellste Hund

Gewiss ist der Appenzeller Sennenhund einer der am leichtesten zu erziehenden und originellsten und der gesundeste unter den kleinen Hunden, die es gibt. Es scheint mir, es stehe ihm noch eine weite Verbreitung als treuer, intelligenter Haushund für Stadt und Land bevor. Gewiss passt er an manche Orte viel besser als der Schäferhund, der Foxterrier oder der Airedale und andere fremde mehr. *Albert Heim, 1914*

den sich in dieser Disziplin Appenzeller Sennenhunde nur selten.

Als Familienhund eignet er sich uneingeschränkt. Da der Appenzeller Sennenhund bei seiner ursprünglichen Arbeit als Treibhund vor allem mit den Augen arbeitet, ist bei der Ausbildung zum Sanitäts- und Fährtenhund, wo Nasenarbeit vorrangig ist, viel Konsequenz und Einfühlungsvermögen notwendig. Wenn sie verständnisvoll trainiert werden, schaffen es Appenzeller Sennenhunde auch in dieser Sparte bis in die höchsten Prüfungsstufen.

Bei der Lawinen- oder Katastrophenhunde-Ausbildung kommt ihnen ihre Intelligenz, ihre Neigung zur Selbständigkeit und ihre Bellfreudigkeit zugute. Er bewährt sich als Polizei-, Therapie- und Sanitätshund. 1999 hat der erste Appenzeller Sennenhund seine Ausbildung zum Blindenführhund begonnen. Seither wurde ein zweiter Appenzeller Sennenhund mit dem Namen Blue zum Blindenführhund ausgebildet und ist bereits bei einem sehbehinderten Mann im Einsatz.

Der Treib- und Hütehund

Appenzeller Sennenhunde zeigen schon als Junghunde ein reges Interesse an weidendem Vieh. Es wurde schon in den Dreissigerjahren beobachtet, dass der noch unerzogene Hund eine Kuh, die sich von der Herde trennte, völlig korrekt wieder zurücktrieb. Dieses Interesse an allem, was sich bewegt, entwickelt sich im Alter von drei bis vier Monaten. Schon bald folgen die ersten Treibversuche. Die Ablenkbarkeit durch Umwelteinflüsse ist aber in diesem Alter gross, und es fehlt noch an der Konzentrationsfähigkeit.

Ist der Trieb vorhanden und bereits geweckt, dann löst er das Treiben in der gegebenen Situation fast automatisch aus. Von einem erfahrenen Treibhund angeleitet, können die ersten Treibversuche schon früh stattfinden. Doch überwiegt meist der Spieltrieb, und der junge Hund sucht den alten immer wieder von seiner Arbeit abzulenken, weshalb dieses Anlernen durch Althunde bei den Bauern nicht beliebt ist.

Der Appenzeller Sennenhund Viktor beim Treiben in Bildern des namhaften Schweizer Kynologen Hans Räber

An dieser hölzernen «Kuh» lernen die jungen Treiber-Hunde das Stechen

Der Zeitpunkt, in welchem der einzelne Hund zu treiben beginnt, hängt wesentlich von seiner individuellen Veranlagung ab. Wenn der Hütetrieb gänzlich fehlt, werden solche Hunde heute an Nichtlandwirte verkauft, während sie früher ausgemerzt wurden.

Treiben bezeichnet das Vorwärtsbringen einer Herde von Rindern, Ziegen, Schafen, Schweinen oder selten auch Geflügel. Es umfasst Austreiben der Herde aus dem Stall auf die Weide, Zusammentreiben zum Melkplatz oder zum Brunnen, Einstellen der Herde, Suchen, Wenden und Zurückbringen verstiegener Tiere, Zusammenhalten der Herde auf der zugewiesenen Weide, Fernhalten fremder Tiere, Bewachen und Begleiten fremder Menschen durch die Weide. Der Hund treibt bellend. Die damit vertrauten Tiere reagieren auf dieses Gebell richtig und verfallen nicht in Panik. Auf Befehl des Meisters schweigt der Hund und zieht sich zurück.

Instinktiv zwickt ein gutes «Tryberli», wie die Appenzeller Sennen und Bauern ihren vierbeinigen Gehilfen nennen, das Vieh, welches nicht Schritt hält oder vom Weg abweicht, mit seinen Schneidezähnen in die Hinterfesselgegend oder in die Nüstern, wobei er den unwirschen Abwehrbewegungen blitzschnell auszuweichen versteht. Wo er zugreift, hängt von der jeweiligen Situation ab. Nie lässt er es auf einen Kampf ankommen, packt aber in zäher Ausdauer zu, bis er die Oberhand über seine Rudelgefährten gewonnen hat.

Kennen die Tiere den strafenden Biss, dann genügt schon ein leichtes Berühren mit dem Fang, um sie vorwärts oder rückwärts zu treiben. Dieses Zupacken wird als «Stechen»

Ein «Tryberli» muss aufmerksam beobachten und im richtigen Moment zupacken

bezeichnet. Das tiefe Stechen direkt unter dem Fesselgelenk wird vorgezogen, weil der Hund beim Zugreifen weiter oben leichter durch einen Schlag und das Rind durch einen Biss ins Sprunggelenk verletzt werden können.

Trotz seiner wendigen Schnelligkeit kann es vorkommen, dass der Hund von einer unerschrockenen Kuh durch einen Hornstoss oder einen Beinschlag getroffen und verletzt wird. In der Folge hüten sie sich vor diesem Tier, das sie als überlegen kennen gelernt haben. Die siegreiche Kuh hat ihren Respekt vor dem Treibhund verloren und wird immer wieder versuchen, ihn auch von den anderen Herdentieren fern zu halten, indem sie sich zur Wehr setzt oder den Hund angreift.

Beim Treiben und Hüten behält der Hund das einzelne Tier wie die Herde als Ganzes im Auge und versteht es, schon aus den Bewegungen und dem Verhalten das Vorhaben der einzelnen Tiere vorauszusehen und oftmals vorbeugend einzugreifen. Das Um- und Einkreisen der Herde oder eines Einzeltieres führt ein Wissenschafter auf das Verhalten des Wolfs zurück, der seine Beute oder als Meuteführer sein Rudel um- und einzukreisen pflegt. Dieses Verhalten ist beim Treibhund oft unerwünscht und wird in der Erziehung zu beseitigen versucht.

Der Treiber soll die vorderste Linie einer vorwärts schreitenden Herde oder eines einzelnen Tieres nicht überqueren, da durch sein Herannahen die Spitzentiere oft von ihrer Richtung abweichen. Bricht jedoch ein Tier aus, dann muss der Hund es umkreisen, um es zurückzubringen. Mit verschiedenen Methoden wird den Hunden beim Herdentreiben das seitliche

Nächste Doppelseite: Cindy v. Gantrisch überwacht ihre Herde

Die Arbeit von drei Männern erledigt

Im Rheintal sah ich vor einigen Jahren zwei grosse Schafherden im Klee. Die eine Herde wurde von drei Männern gehütet. Sie hatten den ganzen Tag über eine gewaltige Arbeit, um die vielen Schafe zusammenzuhalten. Die Männer rannten hin und her, knallten mit Peitschen, lärmten und riefen, als ob eine Gant abgehalten würde! Eine halbe Stunde weiter oben weidete eine andere Schafherde mit einigen hundert Tieren. Ein kleines, kaum zehnjähriges Büblein hirtete sie. Es sass auf dem Boden und schnitt sich aus saftigem Eschenholz eine Maienpfeife, während sein «Appenzeller Bläss» die Schafe hütete, die er trotz ihres heftigen Vorwärtsdrängens in den üppigen, hochstehenden Klee keinen Meter weitergehen liess, als ihm der Bub bezeichnet hatte. Ich sah ihm lange zu und konnte es kaum fassen, mit welch bewundeungswürdiger Willenskraft der kleine Sennenhund den dichten Schwarm der Schafe bemeisterte, indem er ihn fortwährend umkreiste, so dass sich kein Schaf gegen sein Gebot zu vergehen wagte.

Bernhard Kobler,
Bezirkstierarzt, St. Gallen, 1927

Vorstossen bis zu den Spitzentieren oder beim Einzeltreiben das Vorlaufen bis auf die Höhe der Vorderbeine beigebracht. Durch fortgesetztes Wechseln der Seiten vermag der Treibhund die Herde zu überblicken und meist ohne Zutun des Menschen in der gewünschten Richtung vorwärts zu bringen. Dabei spielen dauernde Übung und ein angeborenes Geschick eine wesentliche Rolle. Ein Hund, der häufig eingesetzt wird, entfaltet eine grössere Geschicklichkeit im Treiben. Diese zeigt sich besonders beim Weidebeginn im Frühling, wo Herde und Hund sich erst wieder kennen lernen und aneinander gewöhnen müssen. Der Hund hat anfänglich Mühe, die übermütige Herde zusammenzuhalten. Bald aber kennt er die Verhaltensweisen der einzelnen Tiere wieder, und diese beginnen, ihren Begleiter wieder zu respektieren.

Es wird gesagt, ein Appenzeller Sennenhund mit guten Treibhundeigenschaften sei fähig, zwei ineinander geratene Herden aufgrund ihres spezifischen Herdengeruchs voneinander zu trennen. Auch wird ihm nachgesagt, dass er auf der Landstrasse eine Herde von über zwanzig Zuchtstieren oder eine 300- bis 500-köpfige Schafherde allein zu treiben vermag.

In landwirtschaftlichen Betrieben, wo die Tiere ausserhalb des Stalls getränkt werden, hilft der Sennenhund, das Vieh zum Brunnen zu treiben. Während die Tiere trinken, umkreist er sie ohne Gebell und passt auf, dass keines abseits geht oder mit anderen zu streiten beginnt. Anschliessend treibt er sie ruhig in den Stall zurück. Bleibt auf dem Weg in den Stall eines stehen, zwickt er es in die Fessel, damit kein Stau entsteht. Der Senn kann sich so auf das Los- und Anbinden der Tiere im Stall beschränken, während der Hund den Verkehr vom Stall zur Tränke und zurück allein überwacht. Nimmt eines der Tiere im Stall einen falschen Platz ein, so ist der Hund auch beim Umstellen behilflich. Auf Geheiss des Sennen kann ein guter Treib- und Hütehund verlorene oder verstiegene Tiere suchen und herbeiholen.

Diese erstaunlichen Fähigkeiten des Appenzeller Sennenhunds beschrieb Albert Heim schon 1914: «Wir nähern uns, vom Berggrat kommend, einer Alp am Abhang des Säntis. Der Hund dort billt, denn er hat uns schon auf mehr als einen Kilometer Distanz beobachtet. Er lässt nicht nach. Wir kommen näher, er wedelt und billt. Der Senne tritt heraus und begrüsst uns und mit dem freundlichen Handschlag des Sennen schweigt der Hund und ist auch freundlich mit uns. Was macht der lebhafte, muntere Geselle für ein humorvolles Gesichtchen! Er hört offenbar unseren Erzählungen zu. Da wollen Ziegen in die Hütte, das Hündchen treibt sie weg, ohne Befehl und ohne die Tiere zu packen. Sie gehorchen ihm. Nun kommt die Rede auf das ‹Blässli›, das ein ‹b'sonders guets Triberli› ist und wir wollen zuhören allerlei vom Appenzeller Sennenhund, was uns der Senne erzählt und auch das erzählen, was wir bei unsern vielfachen Aufenthalten in jenen Bergen selbst gesehen haben.

Viele Appenzeller Sennenhunde beginnen bereits im Alter von sechs Monaten, Vieh zu hüten und zu treiben, andere erst wenn sie ein Jahr alt sind. Erst fragen sie mit ihrem Blicke und in Gebärden den Meister, ob und wo sie eingreifen sollen, nachher wissen sie es von selbst. Wenn nötig packen sie das Vieh beim Treiben an den Knöcheln oder auch am Kopf an der Nase, Schafe, Ziegen und Schweine an den Unterschenkeln, und wenn diese sich umkehren am Kopf. Sie sind dabei so fabelhaft flink, dass sie fast niemals von einem Fussschlag oder Hornstoss erreicht werden. Das Vieh aller Arten hat aber vor dem flinken Hunde einen solchen Respekt, dass es bald dem bellenden Treiber auf den Ton gehorcht und ein schärferes Eingreifen ist selten nötig.

Einst traf ich auf der Strasse zwischen Appenzell und Gais eine Herde von 17 Zuchtstieren. Zwei Mann führten nur zwei der Tiere, die anderen hielt alle das Triberli auf der Strasse in raschem Gang in Ordnung. Vor meinen Augen setzte ein Stier über den Zaun in die Wiese. Im Augenblick sprang ihm das

Hündchen zwischen die Hinterbeine hinauf und sofort setzte auch der Stier wieder über den Zaun auf die Strasse zurück, in raschestem Gehorsam und ohne eine Miene, gegen den kleinen, vierbeinigen Polizisten sich verteidigen zu wollen.

Sobald der Senne sich zum Melken rüstet, holt der Hund die Tiere und treibt sie bellend zum Melkplatz. Wenn beim Einstallen ein Stand leer bleibt, so sieht das der Hund und geht sofort auf die Suche und ruht nicht, bis das Verlorene an seinem Platze steht. Verlorenes Vieh suchen die meisten mit der Nase auf der Spur. Es gibt Hunde, die nur die eigenen Tiere in den Hof treiben, die fremden stehen lassen oder forttreiben.

Von zwölf weissen, ganz gleich aussehenden Ziegen weiss der Hund genau, welche seinem Herrn gehören, welche nicht – wir hätten die grösste Mühe, sie zu unterscheiden. Liegengelassenes Sacheigentum bewachen die Hündchen auf Befehl, bis der Herr wieder dazu kommt, viele beschützen auch ohne Befehl etwas zufällig Liegengebliebenes. Man lehrt die Appenzeller Sennenhunde nicht apportieren und sie tun es auch

Der Retter der Kühe

Am 2. Februar 1963 setzten in Holland Springfluten grosse Teile des Landes unter Wasser. Auf der Insel Schouwen gab es einige Appenzeller Sennenhunde, die der Bürgermeister A. v. Citters, der während des Krieges als Flüchtling im Toggenburg geweilt war, von dort mitgebracht hatte. Im Morgengrauen stand ein Bauer auf dem Dammweg und blickte traurig über sein überschwemmtes Heimwesen. Neben ihm schüttelte sein Bläss das kalte Wasser aus dem Fell. Mit einem Male bellte der Hund kurz. Unverwandt blickte er in die Richtung des Heimwesens. «Ja, dort!», sagte der Bauer. Richtig, dort standen seine schweren Kühe und auch die Kühe zweier Nachbarn im tiefen Wasser. Der Bauer rief, die Kühe muhten, der Bläss aber bellte und schwamm dann so flink, als wäre er ein Seehund, zu den Kühen hin. Die Freude, zu treiben, steckte ihm im Blut. Daran sollte ihn auch das Wasser nicht hindern. Aber die Kühe wichen nicht vom Fleck. Wütend umkreiste sie der Bläss, hob die Schnauze, um zu bellen, und als alles nichts helfen wollte, begann er zu beissen. Das wirkte. Nun trotteten die Kühe durch die eiskalte Flut auf den Dammweg zu. Als die erste oben stand und die nächsten sahen, dass dort das Wasser merklich niederer war, folgten sie allmählich. Noch waren aber die Kälber zu retten, die kaum mehr den Kopf aus dem Wasser zu heben vermochten. Die Angst starrte ihnen aus den grossen Augen. Die armen Tiere verfingen sich immer wieder in den Zaunwinkeln. Der Bläss wusste aber, wo die Lücken der überschwemmten Zäune waren. So pustete und stiess und bellte er, bis die ganze Herde auf dem rettenden Damme stand. Es waren 45 Haupt Vieh. Tags darauf baten andere Bauern um den Hund. Und wiederum gab er sein Bestes, um noch manche Kuh zu retten.

Überliefert von Georg Thürer

nicht von selbst. Sie gehen aber ins Wasser und schwimmen um ein Rind, um es bellend aus dem Wasser zu treiben.

Ein Augenscheingericht kam in der Angelegenheit eines Grenzstreites auf eine hohe Alp. Der Stier beunruhigte die Herren. Das Hündchen war auf der Suche nach einem verlorenen und nicht anwesenden Tier. Der Senn jagte den Stier weg, Richter, Advokaten und Parteien bildeten einen Ring und plädierten. Da erschien der Stier wieder, alles floh in die Hütte. Jetzt kam aber auch das Hündchen wieder zurück. Es erkannte sofort die Situation, vertrieb den Stier durch den Sprung zwischen die Hinterbeine, dann bildete sich der Gerichtskreis wieder. Das Hündchen placierte sich auf einen hohen Stein daneben und hielt stets Ausschau nach dem Stier. Der letztere versuchte öftere Annäherungen, kehrte aber immer wieder ab, wenn der Hund auf seinem Beobachtungsposten knurrte. In seinem Schutze konnte nun das hohe Gericht tagen.

Man kennt Fälle, wo ein Stier nur mit Hülfe eines solchen Hunds gebändigt werden konnte, und häufig tritt der Hund als Beschützer der Sennen gegen den Stier in die Schranken. Gegen Menschen sind sie durch zähes Bellen wachsam. Sie weichen wohl aus, lassen sich aber nicht verscheuchen, und bellen immer wieder. Im Notfalle, aber selten, greifen sie auch den Menschen an.

Die Appenzeller Sennenhunde sind ehrlich, nicht verschlagen schlau. Sie verraten begangene Fehler immer selbst sofort durch die Gebärde eines schlechten Gewissens. Sie jagen nicht, sind meist katzenfromm und sie sind keine Raufer. Manche treiben die Viehherden mit grosser Ausdauer in Sturm und Regen oder in Schneegestöber 10 Stunden, 12 Stunden unausgesetzt, wenn es sein muss. Sie sind äusserst wetterfest, in Nässe und Kälte zähe und ausdauernd, wie man es bei dem glatten sauberen Hündchen gar nicht für möglich halten sollte. Bis zum Alter von 10 bis 12 Jahren stehen viele dieser Tiere in strengem Sennendienst. Sie werden 12 bis 15 Jahre alt.»

Nächste Doppelseite: Als Hof- und Bauernhund hält sich der Appenzeller Sennenhund gerne beim Vieh auf.

Der Haus- und Hofhund

Die enge Beziehung zum Menschen und der ausgesprochene Wachtrieb brachten es mit sich, dass der Appenzeller Sennenhund auf den landwirtschaftlichen Betrieben nicht nur zum Hüten und Viehtreiben verwendet, sondern auch als eigentlicher Haushund in den Familienkreis aufgenommen wurde. Bald erwarb sich diese Rasse auch ausserhalb der Landwirtschaft Sympathien und gelangte so zuerst in Wohnungen von Nichtlandwirten auf dem Lande und später in der Stadt.

Bei Tag und bei Nacht beobachtet er aufmerksam das Geschehen innerhalb seines Lebensraumes und lernt, Bekanntes und Harmloses von Fremdem und Erregendem zu unterscheiden. Sich selbst überlassen, unternimmt er täglich einige Runden durch sein Gelände oder er bezieht, oft für längere Zeit, seinen auserwählten Beobachterposten. Nähert sich ein Fremder, eröffnet er sofort sein Gebell. Die Schritte seiner Familienmitglieder und anderer Personen, die täglich in seinem Rayon ein- und ausgehen, kennt er genau. Ist er nicht angebunden oder durch einen Zaun zurückgehalten, geht er auf jeden Eindringling los. Weder freundliches Zureden noch schroffe Abwehr vermögen, ihn zu beschwichtigen oder zu vertreiben, bis ein Familienmitglied den Hund zurückgerufen oder der Eindringling sich entfernt hat. Ist der Fremde von einem Familienmitglied begrüsst worden und hat sich ein Gespräch entwickelt, dann fasst auch der Hund Zutrauen, kommt näher und lässt sich streicheln. Das nicht so leicht zu beschwichtigende Misstrauen, – ein charakteristischer Wesenszug des Appenzeller Sennenhunds –, kommt in diesem Verhalten klar zum Ausdruck.

Tritt ein Fremder ins Haus, ohne dass ein Familienmitglied anwesend ist, verwehrt ihm der Hund oft den Austritt. Im Vergleich mit anderen Wachhunden trifft man unter den Appenzeller Sennenhunden selten einen bissigen Hund an. Sein freundlicher, eher fröhlicher oder fast humorvoller Blick lässt auf ein im Grunde gutmütiges und offenes Wesen schliessen.

Jutz v. Bärgfrüehlig ist ein Hofhund, der neugierig und zurückhaltend auf Fremde reagiert

Der Sporthund

Der Appenzeller Sennenhund ist heute ein vielseitiger Sporthund, der begeistert beim Training für Leistungsprüfungen aller Art mitarbeitet. Leistungsprüfungen ermöglichen es zu zeigen, ob die Vertreter einer Rasse in der Lage sind, diejenigen Tätigkeiten auszuüben, für die sie ursprünglich gehalten wurden. Sie geben einen guten Einblick in die physischen und psychischen Eigenschaften eines einzelnen Hunds und einer ganzen Rasse.

Das heutige Hundesportwesen hat seine Ursprünge in der Ausbildung von Kriegs- und Polizeihunden im 19. Jahrhundert. Es waren zivile Hundevereine in Deutschland, die den Anstoss für die Polizeihundebewegung gaben. Die Wege von zivilem und polizeilichem Hundetraining trennten sich als Folge der unterschiedlichen Anforderungen jedoch schon bald wieder. Im Ersten Weltkrieg gelangten Kriegshunde zu einiger Popularität.

Früher wurde der Appenzeller Sennenhund nur selten so weit abgerichtet, dass er eine der üblichen Sportprüfungen bestehen konnte. Heute allerdings finden immer mehr Hundehalterinnen Interesse an dem gelehrigen, lebhaften und einsatzfreudigen Sennenhund. Da in zunehmendem Mass nicht bäuerliche Hundehalter Appenzeller Sennenhunde haben, bringt der Hundsport die nötige Beschäftigung für das Tier. Im Herbst 1965 wurde die erste schweizerische Dressurprüfung für Schweizer Sennenhunde durchgeführt. Der Appenzeller Sennenhund steht, was seine Eignung als Gebrauchshund betrifft, anderen Hunderassen in nichts nach. Er ist sehr lernfreudig, muss aber mit Liebe und Konsequenz und unter keinen Umständen mit Härte und Gewalt erzogen werden. Er hat eine für den Sport ideale Körpergrösse und ist unglaublich ausdauernd, flink und arbeitsfreudig.

Der Kynologe Ferdinand Schmutz schreibt in seinem Werk «Mein Hund» (1954): «Dass sich der Appenzeller Sennenhund nicht nur zum Treiben und Hüten von Vieh eignet, ist längst erwiesen. Die Tatsache, dass der Hirt auf einsamer Alp viel besser imstande ist, den Kontakt zwischen Mensch und Tier zu fördern, hat beim Appenzeller Sennenhund erwirkt, dass seine Aufnahmefähigkeit viel grösser ist als die von vielen

Uralte Gebrauchshunde

Als vor 2000 Jahren gewaltige römische Heere über die Bündner- und Walliserpässe in Helvetien, also in die heutige Schweiz eindrangen, führten sie zur Verpflegung der Truppen ganze Herden von Schlachtvieh mit. Diese wurden durch Treibhunde in Bewegung gesetzt, die dann in einzelnen Alpentälern als Treib- und Hütehunde zurückblieben und sich bis auf die heutige Zeit fortpflanzten. Auch der mittelgrosse, stockhaarige, schwarze Bauernhund mit hübschen rostgelben und weissen Abzeichen und Ringelrute des Appenzellerlandes ist einer jener Römerhunde. Früher und auch heute noch nannte man diesen überall im Appenzellerland vorkommenden Hund Appenzellerbläss oder auch Trieberli. Seiner Häufigkeit wegen betrachtet man ihn allgemein als ganz gewöhnlichen verbasterten Bauernköter. Mit der wissenschaftlichen Feststellung um 1900 herum, dass die dreifarbigen schweizerischen Bauern- und Treibhunde uralte, ausgezeichnet durchgezüchtete Rassehunde mit vorzüglicher Vererbung ihrer angeborenen körperlichen und geistigen Eigenschaften seien, zog man sie plötzlich zu Ehren. Auch der Appenzellerbläss wurde in die vornehme Gesellschaft der schweizerischen Sennenhunde aufgenommen und mit ihnen unter dem Namen Appenzeller Sennenhund von der gesamten internationalen Kynologie als vollwertiger Rassehund anerkannt. Seither sieht man ihn auf allen schweizerischen und auch ausländischen Ausstellungen, wo man ihn als schönen und rassigen Bauernhund sehr schätzt. Der Appenzeller Sennenhund gilt nicht nur als vorzüglicher Wachhund, Viehtreiber und Hüterhund, sondern allgemein auch als sehr gescheiter, gelehriger Bursche, der es in Sachen Verstand mit all den berühmten Polizei-, Sanitäts- und Kriegshunden ruhig aufnimmt. Wundershalber verwendete man bei Dressurübungen von Polizei- und Kriegshunden statt vornehmer ausländischer Rassehunde einige Appenzeller Sennenhunde, die dabei zur Verblüffung aller Hundekenner geradezu glänzend abschnitten. Der Klub für Appenzeller Sennenhunde, mit Stammsitz in Appenzell, sorgt für die Reinzucht und weitere Ausbreitung seines Hunds im In- und Auslande. Leider ist der echte rassige Appenzeller Sennenhund im ganzen Appenzellerland nur spärlich vorhanden, während sich fast auf jedem Bauernhof irgendein verbasterter Köter mit Ringelschwanz als «Appenzellerbläss» wichtig macht. Es ist doch gewiss schade, dass sogar viele habliche Appenzellerbauern sich nicht dazu aufraffen können, einen währschaften Appenzeller Sennenhund anzuschaffen, wie ihn der Klub in Appenzell züchtet.

Bernhard Kobler
im Appenzeller Kalender 1943

Immer eifrig bei der Arbeit

Im Herbst machten Freia Harztanne und ich unsere erste BH1-Prüfung, die wir mit «sehr gut mit AKZ» abschlossen. Zwei Wochen später, an der nächsten Prüfung, hatten wir einen Richter, der jedes «Gümplen» von Freia als Belästigung des Hundeführers wertete und dafür einen Strafpunkt gab. Bei den darauf folgenden Prüfungen hatten die Richter jedoch immer grosse Freude an Freias Arbeitseifer. Als ich ein Jahr später beim Schäferhundeclub die letzte BH1-Prüfung ablegte, war Freia wieder einmal ausserordentlich temperamentvoll und sehr eifrig bei der Arbeit mit dabei. Ich entschuldigte mich deshalb beim Richter und sagte, dass der Appenzeller Sennenhund ein sehr temperamentvoller Hund sei. Der Richter antwortete: «Das gefällt mir jedenfalls besser, als der Deutsche Schäfer, der neben seinem Hundeführer her schleicht.» Bei dieser Prüfung bekamen wir ein «Vorzüglich mit AKZ» im ersten Rang. Diese Prüfung hat Freia und mir den Wanderpreis in der Klasse Begleithund des Kynologischen Vereins Grenchen eingebracht.

Freia v. Harztanne

Als wir bei einem Mehrkampf für die BH2-Prüfungen trainierten, war Freia wieder mit Freude an der Arbeit und beobachtete den Richter genau. Da wir erst seit zwei Monaten die BH2-Arbeit geübt hatten, war ich gespannt, ob es klappen würde. Freia hatte den Ablauf bereits begriffen, und so wartete sie meine Kommandos meist gar nicht ab, sondern tat das Richtige bereits auf das Zeichen des Richters. Die Zuschauer waren begeistert von dieser Selbständigkeit. Der Richter meinte: «Freia ist mit Freude und Eifer bei der Arbeit dabei, aber sie sollte die Kommandos der Hundeführerin abwarten und nicht schon auf das Zeichen des Richters reagieren.»

Ein Vierteljahr später machten wir dann die eigentliche BH2-Prüfung. Im Revier war Freias Führigkeit noch schlecht. Sie weiss einfach, dass im Revier Gegenstände zu holen sind und die findet sie auch ohne meine Kommandos. Als einzige fand sie alle Gegenstände, aber ohne System, wie der Richter bemerkte. Dank ihrer guten Nasenarbeit bekamen wir ein «Gut mit AKZ» im ersten Rang wie bei der nächsten BH2-Prüfung.

Die BH3-Prüfung beendeten wir mit einem «Gut mit AKZ». Auf das AKZ dieser BH3-Prüfung bin ich besonders stolz, weil mir fünf Jahre früher erfahrene «Hündeler» gesagt hatten, dass man mit einem Appenzeller nicht arbeiten könne. Bei allen Prüfungen, die wir bisher bestanden haben, haben die Richter die gute Nase von Freia erwähnt, die sie beim Halten der Fährte oder beim Finden der Gegenstände im Revier bewiesen hat.

Renate Carigiet, Grenchen

anderen Hunderassen. Darum besteht die Möglichkeit, ihn auch anderen Berufen zuzuführen, und ich zweifle keinen Moment daran, dass er mit seiner unverwüstlichen Kondition die Arbeit als Sanitäts-, Schutz- und Spürhund etc. genau so zuverlässig ausführen kann wie die anderen Vertreter sogenannter Diensthunde-Rassen.»

Der Appenzeller Sennenhund geht auch gerne auf Fährtensuche

Auf den folgenden Seiten werden stellvertretend für andere Tätigkeitsgebiete, für die sich der Appenzeller Sennenhund gut eignet, der Agility-, Therapie- und Blindenführhund näher vorgestellt.

Der Agility-Hund

Im englischen Wort Agility ist das auch im Deutschen gebräuchliche Wort «Agilität – agil» zu erkennen. Es beschreibt den Zustand der Beweglichkeit. Agility ist denn auch eine Hundsport-Disziplin, die die Intelligenz und Gewandtheit der Hunde erproben und fördern will. Agility steht grundsätzlich allen Hunden offen, eignet sich aber nur für kleinere und leichtere Hunde. Rosmarie Lutz, Gaissau, betreibt mit ihrer Hündin Erla Harztanne Agility. Erla ist 7½ Jahre alt und hat eine gute Grösse, um sich elegant zwischen den Slalomstangen durchzuschlängeln. Rosmarie Lutz ist durch einen Nachbarn, der mithalf, auf dem Hundesportplatz im vorarlbergischen Höchst Agility-Trainings einzuführen, auf diese Hundesportart gekommen. «Wer mit seinem Hund arbeitet, hat eine andere Beziehung zu ihm», ist sie überzeugt. Der Appenzeller Sennenhund brauche eine Beschäftigung. Es fasziniere sie, ihre Hündin nur durch Spiel und Belohnung zum Mitmachen zu motivieren. Unangeleint springt Erla durch den Reif, wieselt zwischen den Slalomstangen hindurch, schnellt über die Hürde, stoppt ihren Schwung gekonnt auf der sich senkenden Wippe. Beim Agility geht alles schnell und

Die Wippe auszubalancieren und langsam zu kippen, braucht einiges Geschick

Die Freude am Sport steht Walli v. Kasamandl ins Gesicht geschrieben

auch die Hundeführerin muss eine gute Kondition haben, sonst gerät sie ausser Atem.

Agility ist auch ein Wettkampfsport. Es gilt, mit dem Hund einen ihm unbekannten Hindernis-Parcours in einer bestimmten Reihenfolge und Zeit zu absolvieren. Der Parcours hat eine Länge von 100 bis 200 Metern und umfasst je nach Kategorie des Wettbewerbs zwölf bis zwanzig Hindernisse, darunter mindestens sieben Sprünge. Bei den Wettbewerben wird der Parcours von einem Richter ausgelegt. Vor dem Start haben die Hundeführer Gelegenheit, den Parcours ohne Hund zu besichtigen. Beim Start befreit die Hundeführerin ihren Hund aus Sicherheitsgründen von Leine und Halsband. Während des Wettbewerbs darf die Hundeführerin nichts in der Hand halten. Mit Kommandolauten und Zeichen steuert sie ihr Tier durch den Parcours.

Agility-Hindernisse

Hürden	**Slalom**
Viadukt oder Mauer	**fester Tunnel**
Tisch	**Reifen**
Laufsteg	**Weitsprung**
Wippe	**Wassergraben**
Schrägwand	**Stoff-Sacktunnel**

Der Therapiehund

Die Idee, Hunde in der Therapie einzusetzen, stammt aus England und ist etwa fünfzehn Jahre alt. Heute ist anerkannt, dass Kontakte mit Hunden bei vielen Patienten heilungsfördernd wirken. Sie stärken den Überlebenswillen und die Lebensfreude. Therapiehunde kommen in Spitälern, Kliniken, Altersheimen, Institutionen für Behinderte oder auch Kindergärten zum Einsatz. Hunde sind gerade für Menschen, deren Bewegungsfreiheit eingeschränkt ist, ein wichtiges Bindeglied zur Aussenwelt und zur Natur. Kleine Kinder lernen, richtig mit Hunden umzugehen. Es ist bewiesen, dass depressive und apathische Menschen über den regelmässigen Kontakt mit Therapiehunden wieder aktiver werden. Der Kontakt mit dem Tier weckt Erinnerungen. Auch bei der Drogentherapie erweisen sie sich als äusserst nützlich. Für Alleinstehende und Randständige ist der eigene Hund oft die einzige «Bezugsperson»: mit ihm kann man reden, er kann einen verstehen und er hört fast endlos zu. Darum kann der Hund den Menschen auch über viele Krisen hinweg helfen. Durch seine Kontaktfreudigkeit verbessert sich auch die Kontaktfreudigkeit seines Betreuers oder seiner Betreuerin.

Susanne Gysel in Weissbad bildete ihren Appenzeller Sennenhund-Rüden Amadeus als Therapiehund aus. Sie weiss aus Erfahrung, dass der Appenzeller Sennenhund bei den betagten Innerrhoderinnen und Innerrhodern grossen Anklang findet, ist er doch für diese alten Menschen der ihnen vertraute Hund. Sie nimmt Amadeus mit ins Pflegeheim. Therapiehunde werden vor allem eingesetzt, um sogenannte Eisbergsituationen aufzulösen. Nicht ansprechbare alte Menschen, die sich ganz in ihre eigene Welt zurückgezogen haben, reagieren oft positiv auf die Begegnung mit Tieren. Sie wenden sich ihnen zu, schauen sie an, strecken die Hand nach ihnen aus. Sie beginnen sie zu streicheln, vielleicht auch zu reden.

Ein für die Therapie geeigneter Hund muss sehr wesensstark sein. Er darf nicht erschrecken, knurren, bellen, aufspringen oder beissen, auch wenn ein Patient schreit, ihn ungeschickt berührt oder schlägt. Seine Aufgabe ist es, ruhig neben der Patientin zu sitzen, auf eine Reaktion zu warten und sich beim Gehen auf ihr Tempo einzulassen.

In der Schweiz werden Therapiehunde in Kursen des Vereins Therapiehunde Schweiz ausgebildet. Sie werden mit allem vertraut gemacht, was ihnen bei ihren späteren Einsätzen begegnen kann: Rollstühle, Gehböckli, Krücken, Menschen in ungewohnten Kleidern und so weiter. Gleichzeitig werden auch die Hundeführerinnen geschult und lernen unter anderem, mit einem Schwerhörigen oder einer Alzheimer-Kranken in Kontakt zu kommen. Nach erfolgreichem Abschluss des Kurses nehmen die Hundeführerinnen mit den in Frage kommenden Heimen und Institutionen in ihrer Region Verbindung auf und klären ab, für welche Personen ein Besuch mit dem Hund sinnvoll sei.

Der Rüde Amadeus, ein ausgebildeter Therapiehund, zu Besuch im Pflegeheim

Nächste Doppelseite: Der künftige Blindenführhund Farso v. Brünggberg achtet auf alles, was um ihn herum passiert

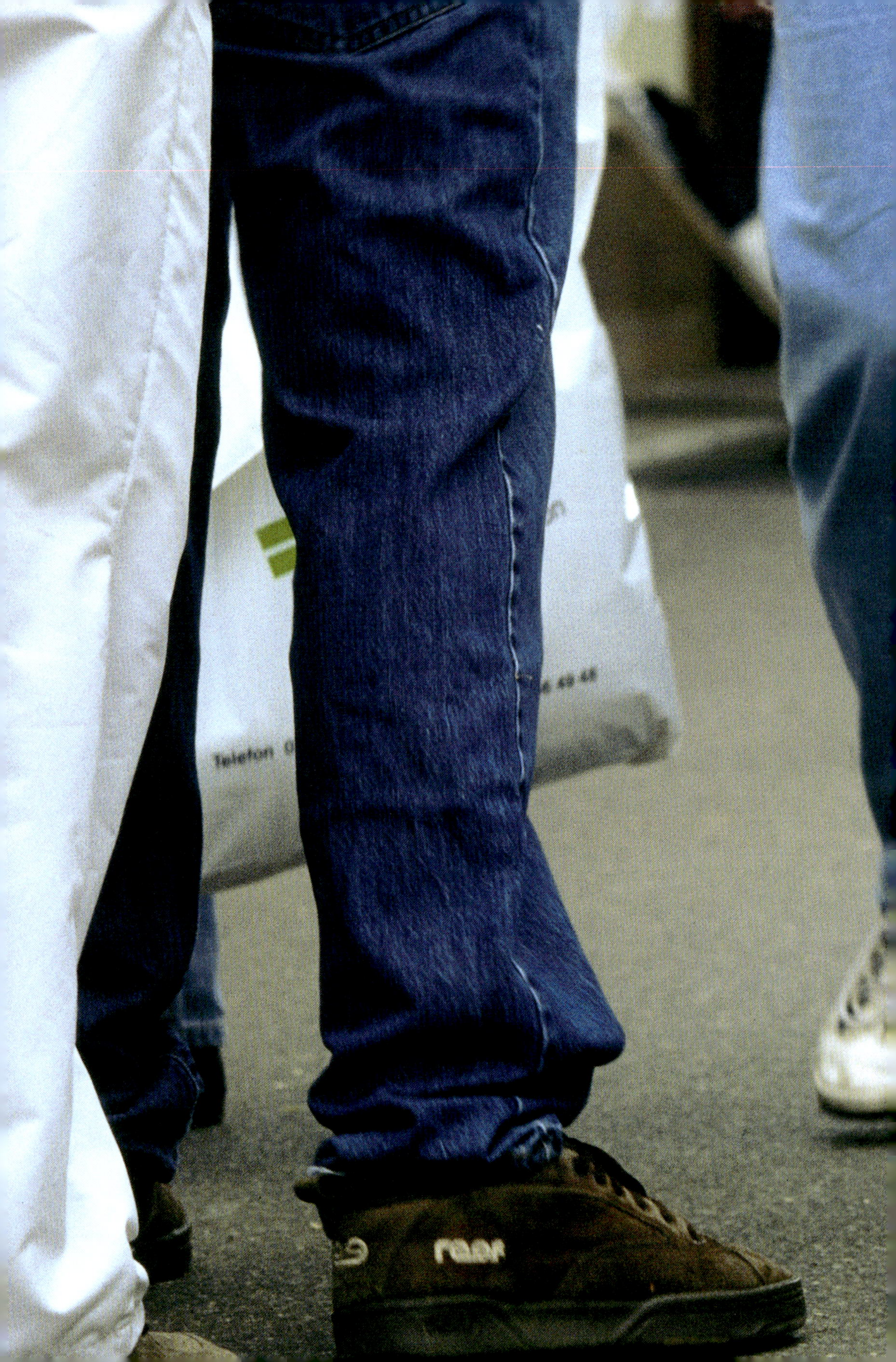
Telefon

Der Blindenführhund

Ein Blindenführhund muss eine gesunde Konstitution und eine sichere, selbständige Wesensart haben. Er ist arbeits- und zugfreudig und freundlich gegenüber Menschen und Artgenossen. Die meisten Blindenführhunde sind Labrador-Retriever, die von Natur aus diese Anforderungen erfüllen. Da es wichtig ist, zu einem blinden Menschen den ihm entsprechenden Hund zu finden, achten die Blindenführhundeschulen darauf, Hunde mit unterschiedlicher Grösse, Wesensart

Auf 36 Worte richtig reagieren
Beim Wort «Scala» beispielsweise führt er seine Begleitung zur nächsten Treppe, bei «Porta» zur nächsten Türe, bei «Billeta» zum Billettschalter. Bei «Piede» geht er linksseitig bei Fuss. Auf «Ferma» steht er still, bei «Sed» sitzt er ab und auf «a terra» macht er Platz.

und Temperament auszubilden. Ausserdem gibt es Sehbehinderte, die mit einer bestimmten Hunderasse seit langem vertraut sind und sich wieder einen solchen Hund wünschen.

Doris Meier-Fritsche in Kollbrunn zieht den Appenzeller Sennenhund Farso v. Brünggberg als künftigen Blindenführhund auf. Ausserdem wird seine Ausbildung von einem Trainer der Blindenführhundeschule in Magden betreut.

In der Blindenführhundeschule weiss man, dass es nicht einfach ist, Familien oder Einzelpersonen zu finden, die das Junghundetraining übernehmen und den erzogenen Hund an einen sehbehinderten Menschen weitergeben. Doris Meier hat sich bereit erklärt, den künftigen Blindenhund selber zu trainieren. Seither begleitet Farso sie auf Schritt und Tritt. Mit seinem weissen Führgeschirr geht er mit ihr in den Laden, um Lebensmittel einzukaufen. Er tut dies, ohne herumzuschnüffeln oder die Taschen anderer Kunden zu inspizieren. Er geht in die Post oder Bank und zeigt seiner Meisterin, wo der Schalter ist, indem er sich dort auf seine Hinterbeine erhebt. Er bleibt beim Zebrastreifen stehen. Er zeigt an, ob eine Treppe aufwärts oder abwärts führt. In einem unbekannten Raum

Am Fuss der Treppe lernt der Blindenhund anzuhalten

Nur ein Blindenführhund darf in die Drogerie und soll bei einem Briefkasten hinaufstehen

weist er die Türe. Er bringt seine Begleitperson zur vordersten Türe eines Busses. Er lernt, dass die Bustüre zugehen kann, bevor seine Begleiterin drinnen ist. Er steigt hinter seiner Trainerin aus. Farso führt sie zum Bancomaten und zum Briefkasten. Das alles schafft der Hund nur, wenn er voll konzentriert ist.

Doris Meier verständigt sich mit dem Hund durch kurze, klare, von der Schule festgelegte Befehle, damit er nicht abgelenkt und verwirrt wird. Farso muss seinem späteren sehbehinderten Besitzer Sicherheit vermitteln und ihn zuverlässig und gefahrlos führen. Das heisst auch, dass Doris Meier den Hund nie hetzen darf. Vieles, was Farso lernen muss, ist auch für sie als erfahrene Hundehalterin neu. Sie staunt, was der Hund alles kann und weiss. Vieles macht er von sich aus, weil er ständig um seine Trainerin herum ist und aufmerksam alles wahrnimmt, was läuft. Einen weiteren Teil seines Trainings absolviert Farso in der Schule, wo er unter anderem auch lernt, Hindernisse auf Kopfhöhe des Menschen zu beachten und ihnen aus dem Weg zu gehen. Er wird von seinem Trainer auf Charakter, Gesundheit und Leistung geprüft. Frühestens mit

Der künftige Blindenführhund begleitet seine Meisterin auch in den Supermarkt

12 Monaten wird der Ausbilder den von Doris Meier vorbereiteten Hund übernehmen und ihn in seine Familie integrieren. Der Ausbilder kann dann den Hund rund um die Uhr beobachten.

Die Einführung eines Hunds beim sehbehinderten Menschen erstreckt sich über ein halbes Jahr. Während dieser Probezeit wird das Gespann vom Ausbilder betreut, um allfällige Fehler zu korrigieren. Nach Ablauf der Probezeit wird das Gespann durch einen Experten der Invalidenversicherung begutachtet. Hat sich ein harmonisches Verhältnis zwischen Hund und Halter gebildet, wird der Hund definitiv von der Invalidenversicherung übernommen. Von ihr wird er dem Blinden als Hilfsmittel zur Verfügung gestellt. In der Blindenführhundeschule Magden sind ständig 12 bis 15 Hunde verschiedenster Rassen sowie Mischlinge in Ausbildung. Zwischen 80 und 100 blinde Menschen leben in der Schweiz mit einem Führhund aus Magden zusammen.

Der Bläss in Wort und Bild

Der Bläss in der Appenzeller Bauernmalerei

Seit dem 17. Jahrhundert erfuhren Kühe aus der Schweiz eine besondere Wertschätzung in Europa. Im 18. Jahrhundert war für Bildungsbürger aus der Schweiz und ganz Europa die literarische und künstlerische Beschäftigung mit Kühen fester Bestandteil einer Schweizerreise. Man war fasziniert von der Schönheit der Tiere, der Alpenwelt und vom Freiheitsdrang der Hirten. Die Landschaftsbilder aus dieser Zeit lassen vor den Augen der Städter ein ländliches Paradies erstehen. Die Kuh beherrscht die Bilder der Bauernmaler.

Im Appenzellerland liessen wohlhabende Bauern und Sennen von den Bauernmalern ihre Häuser und Alpfahrten auf Tafelbildern und Eimerbödeli darstellen. Die Kühe sind in den Farben braun, schwarzbraun, rötlich oder weiss mit kleineren oder grösseren, unregelmässigen Flecken gemalt. Fachleute gehen davon aus, dass die Kühe im 18. und 19. Jahrhundert wirklich die verschiedensten Farben hatten, weil sie noch nicht systematisch gezüchtet wurden.

Das wichtigste Motiv der Bauernmalerei ist die Alpfahrt, bei der der Bläss als Treibhund eine wichtige Rolle hatte. Die auf den Bildern dargestellte Alpfahrt hat eine feste Anordnung: Voran schreiten der Ziegenbube, das Ziegenmädchen

Unbekannter Maler. Truhe 1754. Ausgeführt für Anna Fässler. Stiftung für Appenzellische Volkskunde. Geschenk einer Gönnerin

Conrad Starck. Eimerbödeli 1828. Ausgeführt für Wendelinus Hässig. Leihgabe Sammlung S

Johannes Müller. Sennenstreifen um 1865 (Ausschnitt). Stiftung für Appenzellische Volkskunde

Franz Anton Haim. Alpfahrt, um 1880 (Ausschnitt). Leihgabe Sammlung S

Anna Barbara Aemisegger-Giezendanner. Die Melker (Ausschnitt). Stiftung für Appenzellische Volkskunde. Geschenk eines Gönners

Christoph Sebastian Allgöwer. Kuh, einen Hund tretend, Ende 19. Jahrhundert. Teilstück eines Sennenstreifens. Leihgabe Sammlung S

Ganz oben: Unbekannter Maler. Landwirtschaft mit Schweinezüchterei (Ausschnitt). Anfang 20. Jahrhundert. Stiftung für Appenzellische Volkskunde (ehemals Sammlung Bernoulli)

Conrad Starck zugeschrieben. Sennenstreifen. Anfang 19. Jahrhundert; Detail. Stiftung für Appenzellische Volkskunde. Geschenk eines Gönners

und die Ziegen, dann kommen drei Schellenkühe mit einem Vorsenn in Sonntagstracht, es folgt der zweite Senn in Sonntagstracht, dann die Kühe und am Schluss des Zugs der Bauer, der meist der Besitzer der Alp ist, und der Fuhrmann des Lediwagens mit dem Milch- und Käsegeschirr. Meist gehören auch ein oder mehrere Hunde zu diesen Alpaufzügen. Da man davon ausgeht, dass die Kühe naturgetreu dargestellt wurden, ist auch anzunehmen, dass das Aussehen der dargestellten Hunde nicht der Fantasie des Malers entsprang, sondern in etwa die Realität abbildete.

Die Alpfahrten wurden auch in Form eines Streifens, des Sennenstreifens, dargestellt, die bis heute Ställe und Scheunen schmücken.

Die älteste Darstellung eines Hundes im Appenzeller Volkskunde-Museum in Stein findet sich auf dem linken Fuss einer Truhe aus dem Jahr 1754. Es zeigt einen hageren, grimmig blickenden rot-braunen Hund mit aufgerissenem Maul, der sich wohl schon darauf freut, den Rehbock, der ihm auf dem anderen Truhenfuss entgegenspringt, zu verspeisen. Auf dem Sennenstreifen von Conrad Starck, von dem Werke aus den Jahren 1785 bis 1830 bekannt sind, findet sich ein spitzähnlicher schwarzer Hund, der hinter dem Sennen und vor den Kühen geht. Auf dem Sennenstreifen von Johannes Müller aus dem Jahr 1865 sieht man den Hund am Ende des Zuges bei den Bauern. Es ist ein Tier, das durchaus Ähnlichkeiten

mit den Appenzeller Sennenhunden zu Beginn der Rassezucht hat. Auf Johannes Zülles Bild «Grempler» von 1874 und in Franz Anton Haims Bild «Alpfahrt» von 1880 sind schwarzweisse Hunde mit dem für den Appenzeller Bläss typischen Ringelschwanz dargestellt. 1887 hat Johann Jakob Heuscher, der seit 1865 Bauern und Sennen mit ihren Tierbeständen auf Bildern festhielt, einen relativ grossen schwarz-weiss gescheckten Hund gemalt, der mit zurückgedrehtem Kopf freudig den Kühen entspringt. Die Toggenburgerin Anna Barbara Aemisegger-Giezendanner (1831–1905) malt auf ihrem Bild mit dem Titel «Die Melker» einen relativ gross gewachsenen, schwarz-weiss gescheckten Hund, der sich mit Katzen und Kälbern bestens verträgt. Ende das 19. Jahrhunderts entstand der Sennenstreifen von Christoph Sebastian Allgöwer, der einen unglücklichen Treibhund zeigt, der nicht die vielgerühmte Flinkheit des Appenzeller Blässes hatte und von der Kuh getreten wurde.

Oben links: Johannes Zülle. Grempler, 1874 (Ausschnitt). Leihgabe Sammlung S

Johann Jakob Heuscher. Alp, 1865 (Ausschnitt). Leihgabe Sammlung S

Hunde in Appenzeller Sagen

In appenzellischen Sagensammlungen finden sich zwei Sagen, in denen Hunde vorkommen. Allerdings liefern die Sagen keine nähere Beschreibung der Tiere. Sie seien hier nacherzählt als Teil appenzellischer Überlieferung, in der der Hund eine Rolle spielt und damit das Bild dieses Tieres in seiner Ursprungsgegend mitprägt.

Die Sage vom Blauen Schnee oder der verschneiten Alp Einst in uralter Zeit starb ein reicher Bauer und hinterliess seinem einzigen Sohne nebst vielem Gelde das schönste Senntum, das man je gesehen und eine grosse Alpweide hinter dem Messmer, die Grünalp. Die warme Jahreszeit erschien. Am Hochgebirge schmolz der Schnee und ein junges, frisches Grün schmückte abermals den hohen Bergessaum. Jedem Hirten ward jetzt wohler und freudiger schlug der Puls in der Brust jedes Sennen, wenn er an die lustige Alpfahrt dachte. Endlich erschien der Tag, an welchem auch unser Jüngling zu Berge fahren wollte. Von seiner Mutter empfing er heisse Segenswünsche; allein er achtete wenig darauf. Den Maienkranz hingegen, mit dem ihm seine Braut den Hut geschmückt, lohnte er überschwenglich und tat mit ihm, als wärs ein Heiligtum. Mit Sing und Sang, mit Schall und Klang ging es der Alp zu, wo er viel an seine Braut, aber wenig an seine Mutter dachte. Das Beste, was seine Herde ihm bot, das trug oder sandte er seinem Mädchen zu, die betagte Mutter aber, die ihn von zarter Jugend an gepflegt, liess er hungern, liess er darben. «Wenn sie was braucht, kann sie selbst den Berg besteigen», dachte er in seinem verkehrten Sinn.

Einst machte ihm seine Geliebte einen Besuch auf der Alp, da war seine Freude so gross, dass er ihr mit verschwenderischer Freigebigkeit die besten Gerichte, die eine Sennerei zu bieten vermag, zum Essen vorsetzte. Milch und Butter, Rahm und Käse wurden in leichtsinniger Üppigkeit vergeudet. Zuletzt trieb er es im Übermut so weit, dass er seiner Geliebten zu gefallen, damit beim Umhergehen nicht etwa ihr Fuss sich besudle, den Platz vor der Sennhütte mit grossen, fetten Käsen belegte, wie man in den Städten die Hausflure mit Steinen bepflastert.

Der Blau Schnee unter dem Säntisgipfel: Der Sage nach ein Warnzeichen für Kinder, die mit Undank der Eltern Liebe lohnen

Aber siehe, als die Übermütigen im Überfluss schwelgten, da wankt, von der beschwerlichen Alpreise ermattet, eine gebückte Alte zur Hütte heran. Es war die Mutter des Sennen. Sie grüsst, fleht um etwas Speise, ihren Hunger zu stillen; dann sinkt sie auf ein Ruheplätzchen nieder. Der Senn und seine Maid rümpfen die Stirne; Blicke der Verwünschung treffen die Betagte, da sie als Störerin der Freude angesehen wird; dann wird ihr etwas zur Labung gereicht, das man sonst den Schweinen zu geben gesonnen war. Als die Mutter wieder gehen wollte, bat sie ihren Sohn, ihr doch ein wenig Schotten und Zieger in ihre mitgebrachte Tanse zu geben. Doch wehe! Was Satan selbst nicht getan hätte, das tut jetzt der ungeratene Sohn: Er füllt die Tanse mit Käsewasser, wirft statt des Ziegers Mist hinein und schliesst den Deckel zu. Von einer solchen Mitgabe nichts ahnend, dankt sie dafür dem Sohn und tritt den Rückweg an.

Zu Hause öffnet sie die Tanse, findet aber zu ihrer höchsten Verwunderung weder Schotten noch Zieger; findet auch kein Käsewasser und keine Kuhfladen, sondern – frischen Rahm und fetten Käse. Ein Wunder des Himmels hatte ihr den Fluch in Segen verwandelt. Ähnliches soll sich den Sommer über mehrmals wiederholt haben. Aber auch die Strafe folgte dem Frevel auf der Ferse nach; denn als im Herbst das Gras geäzt und der Tag zur Heimfahrt gekommen war, als die Braut sich zu diesem Fest eingefunden hatte und das Abschiedsmahl auf dem Berg zur Neige ging, als den Kühen die Schellen umgehängt waren und alles Vieh die Ställe verlassen hatte; siehe, da erfüllte ein fürchterliches Dröhnen in der Erde alle Gemüter mit Todesschrecken; da brachte ein grauser Wirbelwind Menschen und Tiere in angstvolle Verzweiflung; da begrub endlich ein noch nie erlebtes Schneegestöber den Sennen, seine Liebste, den Hund und das Vieh viele Klafter tief mit Schnee und Eis.

Seit diesem Tage grünte sie nie wieder, die ehedem so schöne Trift; sondern ein ewiger Schnee sollte fortan die Alp bedecken, ein schreckliches Warnzeichen für Kinder, die mit Undank der Eltern Liebe lohnen. Der Sage nach lässt von dieser Zeit an alle Samstage die Schellenkuh ein «Blaar», der Stier ein «Breul», der Senn ein «Zaur», die Liebste ein «Bleeg», der Hund ein «Bell» und die Schelle ein «Glang» ertönen.

Nach Johann Baptist Dähler

Die Sage des Vogts von Schwende In Schwende, das eine Stunde von Appenzell liegt, wohnte ein Vogt und Edelmann in einem wuchtigen Turm. Hier musste häufig ein Sennenbub vorbeigehen, um Schotte von der Alp zu holen. Der Knabe hatte sieben Geschwister und wohnte in der Nähe der Burg, in Triberen (Rachentobel), wo sein Vater Müller und Bäcker war. Als nun der Knabe wieder einmal am Turm vorbeiging, fragte ihn der Edelmann, was Vater und Mutter machten. Darauf antwortete der Bub schlagfertig und witzig: «Der Vater backt ehe gegessenes Brot und die Mutter macht Bös auf Bös.» Der Vogt wollte den genaueren Sinn der rätselhaften Rede wissen. Darauf erklärte der Knabe, der Vater habe das Mehl, das er verwende, noch nicht bezahlt, und die Mutter bessere mit alten Lappen ein zerrissenes Kleid aus. Als der Edelmann fragte,

warum sie solches täten, antwortete der Knabe: «Eben deshalb, weil du uns alles Geld wegnimmst.» Da erzürnte der Herr und drohte dem Knaben, die Hunde auf ihn zu hetzen.

Der Knabe erzählte zu Hause alles über die Begegnung mit dem Vogt. Da riet ihm der Vater, künftig die Milchbutte umgekehrt mit dem Deckel nach unten zu tragen und darin eine Katze zu verstecken. So gerüstet kam der Bub wieder beim Turm vorbei, und der Edelmann fragte ihn: «Nun, du Witzbold, kannst du mir sagen, ob eine Elster mehr weisse oder schwarze Federn hat?» Der Knabe antwortete rasch: «Mehr schwarze.» Der Herr wollte die genaueren Gründe wissen, wobei der Bub erklärte: «Weil die Teufel mehr als die Engel mit den Zwingherren zu schaffen haben.» Der erzürnte Vogt liess nun die Hunde auf den Bub losfahren, worauf dieser sofort den Deckel seiner Butte fallen und die Katze herausspringen liess. Die Hunde rannten der Katze nach und der Knabe floh lachend ins Tobel. Da ergrimmte der Herr, eilte dem Buben nach und stach ihn mit einem Spiess nieder. Von Rache entbrannt, rief der Vater das Volk zusammen. Der Vogt konnte zwar fliehen, sah aber von der Höhe der benachbarten Fäneren sein Schloss in Flammen aufgehen.

Aus: Unser Innerrhoden, Appenzell, 1991

Aus den Trümmern der 1080 auf dem Fels vor der Kirche erbauten Burg Rachenstein wurde das Kirchlein St.Martin erbaut, in dem das Brett mit der Sage des Vogts von Schwende aufbewahrt wurde. Das Kirchlein wurde 1928 abgerissen. Das Brett mit der Sage befindet sich im Museum Appenzell (Bild links)

Rund um den Hund

Der Hund kommt seit alten Zeiten in der Alltagssprache häufig vor. Auch Menschen, die selber mit Hunden sonst nichts zu tun haben, führen ihn manchmal im Mund. Hier sind ein paar Beispiele rund um den Bläss und den Hund im Allgemeinen zusammengestellt, die keinerlei Anspruch auf Vollständigkeit stellen.

Es ischt besser, me wörf ame Hond e Stock Brod i d Schnore, as dass er em biissi.

Überliefert von Titus Tobler

«Wa hescht doo för en Hond, Baartli, er hed-mi bbessse!»
«Abah, wa du nüd sääscht! Das ischt doch au e-n-aardlis (sonderbares) Höndli: es hed näbe sös no känn rechte Maa bbesse!»

«Töörid-'r-'s au do uni wooge, Herr Pfarer! Nennd Blatz! Ehr schwitzid jo wie e Sau, sönd aber au gwöss glauffe wie ein Hond.»

Von zwei zechenden Fuhrleuten nahm einer ein übrig gebliebenes Stück Brot in die Tasche und sagte: «Ehnder geb i das Stock Brot amm-m-ene Hond, as das-i's-'m Weerth loo.» Als er aber das Brot später auf dem Wege ass, sagte sein Kamerad: «Luegid do, jetzt fresst-'n Hond 's Brod.» (1829)

Alfred Tobler

«Herrehöndli» bezeichnet im Appenzellischen «eine Kreatur der Regierung, einen Speichellecker bei den Beamten».

Enand Schimmel und Bläss säge = einander mit allen möglichen Schimpfworten titulieren.

De Bless mache = sich hoffärtig gebärden, sich über seinen Stand kleiden, das feine Herrchen spielen.

Bläss = Glatze oder Rausch

Bläss von einem Menschen gesagt meint: jemanden, der blond und bleich ist, oder eine unreinliche, träge Weibsperson.

Der Bläss und das Wädli

Der Windischer Gemeinderat begab sich auf seine traditionelle «Schulreise», diesmal in die Heimat des künftigen Vizeammanns, ins Appenzellerland. Auf dem Programm standen interessante Begegnungen und Gespräche, aber auch eine Wanderung im Alpsteingebiet. Unterwegs stärkte man sich in einem gemütlichen Beizli. «Wädli» waren als Spezialität auf der Tafel angepriesen, zweifellos das Richtige für gestresste Wädli. Doch die Wirtin musste bekennen, dass nur noch ein einziges Exemplar übriggeblieben war. Dieses bestellte der künftige Gemeindeammann, während die übrigen Wanderer eine andere Wahl trafen.

Somit konnte der Koch in Aktion treten. Plötzlich ertönten aus der Küche ein gewaltiger Lärm, ein lautes Gebrüll und Gefluche sowie ein heftiges Hundegebell. Und kurz danach tauchte die bleiche Wirtin auf und beichtete, der Hund habe das bereit gestellte «Wädli» entdeckt und sei zum Entsetzen des Kochs eben daran, es zu verspeisen. Sie führte den Windischer «Wädlianer» an den Tatort, in den «Wädlitempel» bzw. in die Küche, wo der Appenzeller Bläss genüsslich den Fleischrest schmatzte. Der Windischer Entsorgungsfachmann konnte sich von der einwandfreien Entsorgung überzeugen.

Als Entschädigung brachte die Wirtin dem Gast dafür ein feines Rippli. Da der Hund keinen Hunger mehr hatte, gelangte es ohne Zwischenfall auf den Tisch.

Aargauer Zeitung, 15. 11. 1997

Auf den Hund kommt, wer alles Geld aus der Kasse nimmt und dadurch den auf den Schatullenboden gemalten Hund sieht.

En Hundsloh = ein kleiner Lohn.

Weist, worum d Hünd e Bei ufhebed, wenn sie a d Wand seiched? – Dass sie d Schueh nid nass machid.

Was-mer erspart am Mund, nimmt Chatz und Hund.

Wer meh schloft als 7 Stund, verschloft sis Läbe wie-n-en Hund.

Sich de Hund fülle = sich vollfressen.

Schweizerisches Idiotikon

Chalt wie ime Hunds-Stall = ungemütliche Stube.

Holzhund ist ein Name für den Fuchs oder Wolf.
Ein Stossgebet dazu heisst: Die heilige 5 Wunde bhüeted mis Veh vor de Holzhunde.

Der Hund in Religion, Mythos und Aberglaube

Die Einstellung des Menschen zu seiner Umwelt im Allgemeinen und wohl auch zum Hund im Speziellen wird durch seine – auch religiösen – Überlieferungen geprägt, die sich in seiner Kultur, seinem Denken und seinen Werten niederschlägt. Über die Einstellung zum Hund ist eine grosse Zahl von Zeugnissen in den Religionen zu finden.

In vorbiblischer Zeit wird Baal, der Gott der Phönizier, oft mit einem Hundekopf dargestellt. Der ägyptische Gott Anubis hat Hundegestalt. Er ist ein Kind von Osiris und der Isis-Schwester Nephthys und soll für die Götter wachen wie die Hunde für die Menschen. Der Hund ist bei den Ägyptern ein ambivalentes Symboltier für Treue, Furchtlosigkeit, Klugheit, Unterscheidungsvermögen, Scharfsinn und Wachsamkeit; er galt aber gleichzeitig als unrein, gierig, verächtlich, unedel, gemein und bedrohlich.

Im mitteleuropäischen Volksglauben wird dem Hund bis in unser Jahrhundert hinein die Fähigkeit des Geistersehens und der Todesvorankündigung zugeschrieben.

In der Bibel wird der Hund vor allem als ein verachtetes Tier, das von Menschen geschlagen wird, und sich von Leichenteilen ernährt, geschildert, wie ein paar Beispiele aus dem Alten Testament zeigen: Als Mose dem Pharao die Tötung der ägyptischen Erstgeburt ankündigte, sagte er: Gegen die Israeliten soll auch nicht ein so unbedeutendes Wesen wie ein Hund mucksen (2. Mose 11,7). Im Kampf gegen David beklagt sich der grosse Goliath, er fühle sich wie ein Hund behandelt, weil David einen Stecken bei sich trug, mit dem man die feigen Hunde vertrieb (1. Samuel 17,43). Die Hunde lebten auch in der Stadt und ernährten sich von Aas. Darum liess der Herr Jerobeam durch den Propheten Ahia ausrichten, dass er sein Haus wie Kot wegfegen werde und wer in der Stadt sterbe, den sollten die Hunde fressen (1. Könige 14,11). Von Hunden gefressen zu werden, bedeutete tiefste Erniedrigung.

Hunde galten als feige (2. Könige 8,13). Kraft und bösen Willen traut der Psalmenbeter David den Hunden zu und nimmt sie als Bild für die Übeltäter, die ihm zusetzten und seine Seele bedrohten (Psalm 22,17.21). Die Lästerer vergleicht er mit heulenden Hunden (Psalm 59,7).

In den Sprüchen wird der Liebhaber, der durch eine Frau, deren Mann auf Reisen ist, verführt wird, mit einem Hund verglichen, der sich zur Kette führen lässt, um sich dort anbinden beziehungsweise durch den unerwartet heimkehrenden Ehegatten töten zu lassen (Sprüche 7,22). Die Dummheit des Hunds wird auch in diesem Spruch betont: Wie ein Hund zu seinem Gespei zurückkehrt, so ist der Tor, der seine Torheit wiederholt (Sprüche 26,11, aufgenommen im 2. Petrusbrief 2,22).

Der Hund als Symbol

In der frühchristlichen Kunst erscheint der Hund ohne jede Symbolbedeutung, vielmehr rein dekorativ als treuer Begleiter des Menschen auf Grabreliefs, Epitaphien und Lampen. Das Mittelalter hat den vierbeinigen Hüter der Häuser und Herden, den unschätzbaren Begleiter auf der Jagd dann auch symbolisch als Bild der Treue aufgewertet.

Der Hund ist einerseits Bild der theologischen Tugend des Glaubens, kann andererseits aber auch die Laster des Neides und des Zornes symbolisieren und sogar als tierisches Werkzeug des Satans zur Veranschaulichung der inneren Kämpfe des Menschen und der Anfechtung des Bösen dienen.

Gerd Heinz-Mohr: Lexikon der Symbole

Einen streunenden Hund bei den Ohren zu packen, bringt Probleme mit sich, die sich vermeiden liessen: Einen streifenden Hund packt bei den Ohren, wer sich in einen Streit mischt, der ihn nichts angeht (Sprüche 26,17). Immerhin ist es besser, ein lebendiger Hund als ein toter Löwe zu sein, weil, wer lebt, immer noch etwas hoffen kann: Denn die Lebenden wissen, dass sie sterben müssen, die Toten aber wissen gar nichts (Prediger 9,4).

Stumme Hunde sind völlig unnütze Tiere, sie denken nur noch ans Fressen und sind nie satt; mit ihnen vergleicht Jesaja die Leute, die in Israel die Verantwortung tragen und das Volk nicht warnen, dass es vor dem Herrn auf Abwegen ist. Unter den vom Herrn verabscheuten Taten wird namentlich aufgeführt, gleichzeitig ein Schaf zu opfern und einen Hund zu erwürgen (Jesaja 56,10.11; 66,3). Der Hund wird als Opfertier abgelehnt.

Die Hunde lebten mit den Menschen in den Siedlungen. Ihre Beute versteckten sie oft ausserhalb und wurden dadurch zum Mittler zwischen Stadt und freier Natur (Jeremia 15,3).

Im Neuen Testament wird gewarnt, das Heilige nicht den Hunden vorzuwerfen, sie könnten sich gegen die Menschen wenden und sie zerreissen, weil sie Heiliges nicht erkennen können (Matthäus 7,6). Ihre Unheiligkeit wird auch in der Offenbarung betont, wo die Hunde keinen Zutritt zum neuen Jerusalem erhalten (Offenbarung 22,15). Die Hunde sollen den Kindern nicht vorgezogen werden (Matthäus 15,26). Die Hunde haben eine sehr untergeordnete Stellung, sie warten unter dem Tisch ihrer Herren auf die Brosamen, die herunterfallen (Matthäus 15,27). Die Hunde warten auf Aas und belecken den kranken, wehrlosen Lazarus schon zu Lebzeiten (Lukas 16,21). Paulus verwendet Hund als Schimpfwort für böse Menschen (Philipperbrief 3,2).

An wenigen Stellen wird der Hund als hilfreicher Begleiter des Menschen erwähnt: Er steht dem Schafhirten bei, indem er knurrt, wenn ein fremder Mensch sich nähert. Und er ist auch in Israel als Wach- und Hütehund bekannt (Judith 11,19; Hiob 30,1; Tobit 5,17; 11,4).

Von allen indogermanischen Völkern wird überliefert, dass sie an die Geistersichtigkeit der Hunde glaubten. Der Spürsinn, die feine Witterung und Empfindlichkeit des Tieres gaben Anlass dazu. Man wusste, dass der Hund auf atmosphärische Einflüsse, Erdbeben und ähnliche Erscheinungen äusserst empfindlich reagierte. Wegen seiner Anhänglichkeit, Wachsamkeit, Treue und Klugheit wurde er als Haustier besonders geschätzt. Orientalische Völker fühlten sich vom Hund vorwiegend abgestossen. Auch diese Sicht ist bei indogermanischen Völkern zu finden, gilt doch «Hund» als eines der häufigsten Schimpfwörter für einen schamlosen, gemeinen Menschen.

Der Glaube an die Totenhunde ist indogermanisches Erbe. Wegen seiner Vorliebe für Aas und Leichenteile ist der Hund zum Totentier und Seelenbegleiter geworden. Hunde sind neben fleischfressenden Vögeln, Schakalen und Wölfen Seelentiere, die die Seele durch das Zwischenreich ins Jenseits tragen. Der berühmte Hund Cerberus bewacht in der griechischen Mythologie den Eingang zur Unterwelt. Einige Völker liessen ihre Toten durch Tiere bestatten. Der Leichnam wurde den Tieren zum Frass dargebracht. Die Tiere halfen dem Menschen, die toten Körper verschwinden zu lassen und durch das Zerreissen der Körper die Seele der Verstorbenen aus ihrer Hülle zu befreien und sie ins Jenseits zu bringen. Friedlose Seelen von Verbrechern, Selbstmördern oder Unverheirateten irrten auf den Hunden weiter im Zwischenreich umher.

In der altgermanischen Religion galt der Hund als Begleiter

von Gottheiten. In den zwölf Nächten nach der Wintersonnenwende zieht Wotan als wütender Jäger in Begleitung von Hunden und Wölfen, in denen sich ruhelose Menschenseelen verkörpern, durch das Land. Der Genuss von Hundefleisch ist bei den Germanen selten gewesen.

Im Mittelalter wurden mit Verbrechern oft gleichzeitig Hunde gehängt, um zu zeigen, dass sie nicht mehr wert seien, als wie ein Hund erschlagen und aufgehängt zu werden. Auch wurden sogenannte Schandstrafen als eine bürgerliche Form der Züchtigung verhängt. Dazu gehörte das schimpfliche Hundetragen, bei dem der Verurteilte auf seinem Rücken einen Hund durch die Schaulustigen tragen musste.

Tierprozesse waren im Mittelalter im deutsch-französischen Recht häufig und betrafen vor allem Schweine und Rinder. Tierprozesse begründen sich vielleicht in 2. Mose 21,28, wo für Rinder, die jemanden zu Tode stossen, die Steinigung vorgesehen ist. Jedenfalls hat sich ein Verständnis der Vergehen von Tieren entwickelt, die das Tier als selbstverantwortlichen Genossen des Menschen sah und zur Verantwortung zog. In den Tierprozessen ging es um die Bestrafung des Bösen schlechthin, das sich im Verhalten eines Tiers zeigte. Das schädigende Tier wurde bestraft, um mit ihm das Böse aus der Welt zu schaffen. Der Ortsname Hundshenki im innerrhodischen Gonten könnte auf einen Ort hinweisen, wo Hunde exekutiert wurden. Dabei wurde nicht das Tier, sondern der Dämon, der sich des Tieres bemächtigt hatte, bestraft. Vor allem schwarze Hunde galten als Verkörperungen von den Menschen feindlich gesinnten, dämonischen Mächten. Tierprozesse gingen parallel mit Hexenprozessen. Die Hexen wurden verbrannt und mit dem Feuer wurde das Böse schlechthin vernichtet. Ein solches Denken wurzelt in einem magisch-mythischen Weltbild.

Auch im Wörterbuch des Deutschen Aberglaubens ist einiges über den Hund zu erfahren. Er wurde mit grosser, abergläubischer Scheu betrachtet. So hielt man ihn für fähig, mancherlei Zukünftiges anzuzeigen: Frass der Hund Gras, so gab es schlechtes Wetter, frass er Schnee, so kam Tauwetter, ebenso wenn er sich im Schnee wälzte. Seine nasse Schnauze deutete auf gutes Wetter, bei stark riechendem Fell gab es Regen. Wenn ein Hund unruhig allein auf der Strasse hin und her lief, entstand an dieser Stelle bald Streit. Lief ein fremder Hund einem Menschen ungerufen nach, so bedeutete das Glück. Wenn ein Hund auf dem Schwanz rutschte oder sich im Zimmer wälzte, zeigte er das Kommen von Gästen an. Trug ein Hund einen Strohhalm quer über dem Rücken, so bedeutete dies eine Feuersbrunst.

Man wusch einem Schwerkranken den Schweiss mit einem Stück Brot oder Speck ab und hielt es dem Hund hin. Frass der Hund davon, war man sicher, dass der Kranke genesen würde. Ebenso war es ein gutes Zeichen, wenn der Hund den Kranken nicht mied.

Starb ein Hund ohne erkennbare Ursache, so war das ein Vorbote des Todes für die Besitzer. Scharrte ein Hund im Hof Löcher vor dem Haus, so war das ein Vorzeichen des Todes.

Das klägliche Bellen, Winseln und Heulen des Hunds kündigte Unheil an. Wenn der Hund dabei seinen Kopf zur Erde richtete, bedeutete es einen Todesfall, blickte der Hund nach oben, würde es bald brennen. Wenn der Hund während des Glockenläutens heulte, galt es als ein übles Vorzeichen. Man schützte sich gegen die unheilvolle Macht des Hundegebells, indem man tüchtig ausspuckte oder sich die Ohren zustopfte. Als positive Wirkung konnte das Gebell auch Dämonen abwehren.

Hundesegen

Hundesegen wird ein Segen genannt, der gegen den Biss eines tollen oder bösen Hunds schützen soll. Drei Beispiele aus dem 15. und 16. Jahrhundert:

«Mutter Maria ging über Sand und Land, sie hatte einen Stab in der Hand, sie führte Gottes Wort im Mund, damit schlug sie den bösen Hund.»

«Hund, denck an die wort, die u(nsere) l(iebe) fraw sprach, da sy den ersten hunde sahe: verbirg dein gundt und dein schlundt...»

In einigen Wolfssegen, die die Menschen vor den Wölfen schützen sollten, wurden auch Hunde erwähnt: «Gott beschliesst den Wölf' und Hunden den Rüssel.»

Weil der Hund Dämonen sehen und vertreiben konnte, erhielt er besondere Gaben: Vom Samstagskuchen gebührte ihm das erste Stück. Auch vom Weihnachtsgebäck und vom ersten Brot aus der neuen Frucht bekam er seinen Anteil. Man traute ihm auch heilsame Kräfte zu und war überzeugt, ein Kind sehe gut, wenn ein Hund es im Gesicht lecke. Während eines Gewitters aber hielt man sich vom Hund fern, weil der Blitz gern nach ihm schlug.

Von bösen Menschen, so die Volksmeinung, nahm ein Hund kein Brot an. Schüttete man von dem Wasser, in dem man sich gewaschen hatte, in das Fressen des Hunds, wurde er scharf und wachsam. Auch wenn man dem Hund am Weihnachtsabend drei Bissen mit Knoblauch und Salz oder eine weisse Zwiebel darreichte, schärfte man seinen Wachtrieb.

Um den Hund an Haus und Herrn zu gewöhnen, besass das Volk verschiedene Mittel: Man schnitt ihm ein Haar ab und trug es im Schuh mit sich. Oder man reichte ihm Brot, auf das man dreimal gespuckt, es gekaut oder mit seinem Schweiss, am besten mit dem Achselschweiss, getränkt hatte. Oder man riss dem Tier drei Haare aus und legte sie unter das Tischbein in der Küche. Auf jeden Fall durfte man für einen frisch gekauften Hund kein Futter von seinem früheren Zuhause mitnehmen, wenn er am neuen Ort bleiben sollte.

Für besonders wachsam und treu hielt man Tiere mit «Doppelaugen» – gelben Flecken über den Augen –, wie sie auch der typische Appenzeller Bläss hat.

Gegen Hundebiss schützte man sich, indem man einen geweihten Gegenstand bei sich trug. Auch war man überzeugt, dass, wenn man das Herz, die Zunge oder den Zahn eines Hunds, vor allem eines schwarzen, auf sich trug, man nicht von einem tollwütigen Hund gebissen würde.

Der Hund in der Volksmedizin

Der Hund hatte auch in der Volksmedizin seine Bedeutung:

- Hundefleisch, besonders die Lunge, galt als Heilmittel bei Schwindsucht.
- Weisser Hundekot half gegen Asthma, Fieber, Geschwülste und Geschwüre, vor allem wenn er um den Johannistag herum gesammelt wurde.
- Hundefett heilte Frostbeulen, spielte eine Rolle im Liebeszauber und diente zum Einreiben bei Quetschungen und Wunden.
- Hundeblut machte kranke Tiere gesund und schützte ein Haus, wenn es damit angestrichen wurde, vor Krankheiten.
- Hundemilch brauchte man gegen Flechten und als Haarwuchsmittel.
- Ein frisch abgezogenes Hundefell verwendete man gegen Gicht.
- Hundeknochen wurden zu Pulver verbrannt, das man bei Wasser in den Gliedern anwandte.
- Hundegalle wurde gegen Epilepsie eingesetzt.
- Auch Hoden, Hirn, Herz, Milz, Zunge und Geifer wurden in der Volksmedizin genutzt, so dass der Hund als wandelnde Apotheke bezeichnet wurde.

Vor Hundehaaren hingegen musste man sich hüten: Wenn man sie verschluckte, verursachten sie hartnäckige Magenleiden.

Hundebraten, Hundefett

Als um 1900 das Interesse der Kynologen für die Sennenhunde erwachte und man im Appenzellerland nach reinrassigen Appenzeller Sennenhunden Ausschau hielt, fand man noch manch schönen Treibhund. Viele von ihnen waren jedoch kastriert, damit sie besser beim Haus blieben und fetter würden. Die Hunde wurden oft gegessen – ihr Fleisch gilt als Spezialität – und Hundeschmalz war ein Wundermittel gegen Schwindsucht. Wenn junge Hunde verschwinden, liegt darum auch heute der Verdacht nahe, dass sie zum Verzehr getötet wurden.

1992 zeigte der private Fernsehsender RTL in der Sendung «Explosiv» Menschen in der Schweiz, die Hunde essen. Die Aufnahmen entstanden mit versteckter Kamera. Der Schweizer Hundefachmann Urs Ochsenbein bestätigte in einem Zeitungsinterview im Anschluss an die Sendung, dass es in gewissen Ländern des Fernen Ostens ganz normal sei, Hunde zu essen. Auch in der Schweiz käme das vor. Es geschehe jedoch eher im Versteckten, weil die Leute wüssten, dass ihr Tun gesellschaftlich nicht akzeptiert sei. Die Sitte, Hunde zu schlachten und zu essen, komme, so Ochsenbein, aus dem alten Glauben, dass Hundefleisch gesund sei. «Hunden wird eine besondere Kraft nachgesagt, ähnlich wie in anderen Ländern Nashörnern. Überall dort, wo es früher Eisengiessereien gab, gelten Murmeltier- und Hundefett noch heute als wirksame Naturheilmittel. Hundschmalz wurde bei allen möglichen Berufskrankheiten der Giesser angewandt, etwa bei Staublunge, aber auch bei rheumatischen Beschwerden.» Dieser Glaube habe sich in abgelegenen Gebieten länger gehalten als in städtischen, wo der Hund schon lange als Familienmitglied akzeptiert wurde.

Auch im Appenzellerland traf und trifft man in Haushaltungen älterer Menschen Fetttöpfe mit der Aufschrift «Hundeschmalz». Hundeschmalz gilt als ausgezeichnetes Hustenmittel. Das Fett wird pur auf die Zunge genommen und versaugt. In der Drogerie allerdings kann man Hundeschmalz nicht kaufen. «Die Hundsmetzger verkaufen das Schmalz unter der Hand und es scheint sehr begehrt», weiss ein Drogist.

Der Souvenir-Bläss

Um den sympathischen Appenzeller Sennenhund, der zum Appenzellerland gehört wie sein Käse, populärer zu machen, werden von verschiedenster Seite Anstrengungen unternommen. Ein paar dieser Souvenir-Blässli werden hier gezeigt. Der Schweizerische Club für Appenzeller Sennenhunde verkauft Kleber, Pins, Postkarten, T-Shirts, Schirme und bunte Tücher, die Bilder der Appenzeller Sennenhunde tragen. Eine Appenzeller Konditorei verkauft Schoggi-Blässli. Lilly Langenegger von Gais hat ein Bilderbuch mit dem Titel «Bläss und Zita» gemalt, in dem ein roter Bläss die Hauptrolle spielt. Es gibt den Appenzeller Sennenhund geschnitzt für den Spielstall oder in Messing getrieben auf Hundehalsbändern und Sennen-Hosenträgern.

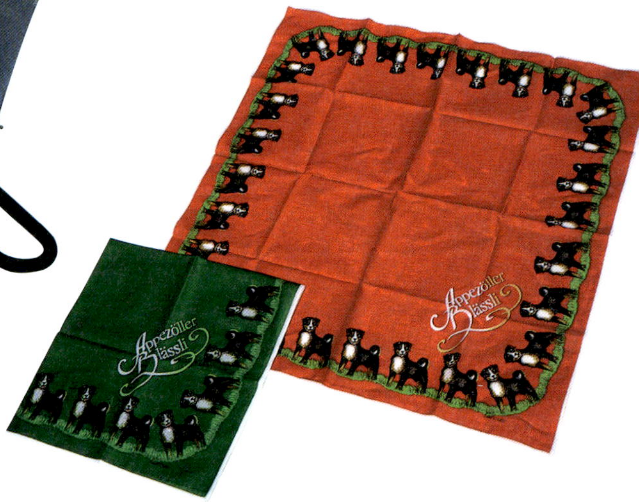

Der Bläss auf Werbeartikeln und als Hauptfigur in einem Kinderbuch

Der Bläss in der Kunst: hier in Werken von Sandra Weber, Urnäsch, (oben links) und Simone Strohbach, Schwellbrunn

Der Bläss in der Werbung für Bier und Milch

Bläss und Wanderer

Das Appenzellerland und das Toggenburg sind beliebte Wanderregionen. Auf den Wegen quer durch Hügel und Täler, vorbei an verstreut liegenden Bauernhöfen begegnet der Fussgänger immer wieder Hunden. Unglücklicherweise führen viele Wanderwege mitten durch die Höfe, das Revier des jeweiligen Hofhunds. Unter der Woche geht kaum jemand vorüber, aber am Wochenende tröpfeln plötzlich Fussgänger daher und dringen mit einer für den Hund unverständlichen Selbstverständlichkeit in sein Gebiet ein. Hundekennerinnen und -kenner verstehen, dass die Hunde Probleme bekommen und nichts anderes tun, als ihrem natürlichen Wach- und Schutztrieb zu gehorchen, wie es die meisten Bauern und Bäuerinnen auch von ihnen erwarten. Für den Wanderer, die Wanderin aber ist die Lage schwer einschätzbar. Denn die Hunde verhalten sich ganz unterschiedlich.

Manch einer liegt träg in der Sonne und schaut kaum auf, wenn man vorübergeht. Ein anderer wiederum, meistens ein Bläss, bellt, sobald er Fremde auch nur von Weitem erblickt. Er bellt ununterbrochen, steigert sich in Kadenz und Lautstärke, je näher man ihm kommt. Plötzlich verstummt er, steuert in einem grossen Bogen von hinten auf einen los. Ver-

Der wachsame Hofhund hält Ausschau

Im vollen Angriff

sucht, an den Beinen zu riechen und folgt, wie magnetisch angezogen, den Bewegungen der Wanderbeine. Ein grosse Unsicherheit befällt manchen Wanderer: «Wann beisst er zu?», fragt er sich ängstlich. Wenn man still steht und sich zum Hund umdreht, muss man damit rechnen, dass man angeknurrt wird. Also doch einfach weitergehen, wie wenn nichts wäre?

Um die unangenehme Situation zu klären, ermannt sich die Wanderin, nimmt Haltung an und brüllt den Hund energisch an, er solle verschwinden. Doch so schnell gibt ein Bläss nicht auf. Sobald man sich umdreht, klebt der Hund wieder am Bein. Ein zweiter, noch entschiedenerer Auftritt erlöst die Fremde. Nun verschwindet der Hund im Stall. Und sie ärgert sich über den Hundehalter, der nicht eingreift und so tut, als ob ihn das alles nichts angehe. Für Menschen mit Hundephobien – und wer noch keine hat, kann durch Begegnungen mit aggressiven Hofhunden durchaus eine bekommen – kann das Wandern im Appenzellerland eine Qual werden. Da nützt es wenig zu wissen, dass der Bläss nur seinem Instinkt folgend Haus und Hof verteidigt. Das Etikett «falsch, bösartig, bissig» ist nach solchen Erfahrungen naheliegend.

Wie aber kann sich der Wanderer, die Wanderin vor den lästigen Hofhunden schützen?

Wer dem Hund in die Augen schaut und ihn anschreit, muss sich nicht wundern, wenn der Hund angreift, weil er sich dadurch angegriffen fühlt. Statt dessen bleibt man am besten

Zurückknurren

Wer durch das Appenzellerland wandert, ist gut beraten, stets ein paar Hundebiscuits in der Hosentasche zu haben. Wenn der Wanderweg durch einen von einem kläffenden Bläss beschützten Bauernhof führt, gebe man dem Hund in ruhiger Haltung und wortlos ein paar Biscuits. Falls er sich hartnäckig an des Wanderers Waden heftet, versuche man es mit Knurren. Denn der Hund versteht nur die Hundesprache!

ruhig stehen, redet allenfalls beruhigend auf den Hund ein und schaut ihm keinesfalls direkt in die Augen.

Wer sich gegen einen Hund zur Wehr setzen will, hat auf die Angemessenheit der Mittel zu achten. So heisst es in der Tierschutzverordnung vom 27. Mai 1987: «Hilfsmittel dürfen nicht derart verwendet werden, dass dem Tier Verletzungen oder erhebliche Schmerzen zugefügt werden oder dass es stark gereizt oder in schwere Angst versetzt wird (Art. 34 Abs. 2).» Ein Dazzer beispielsweise, der einem Hund durch die Aussendung eines für den Menschn nicht hörbaren Tons Schmerzen in den Ohren verursacht, könnte auch die gegenteilige Wirkung erzeugen: Statt dass sich der Hund zurückzieht, greift er an. Laut der Informationsschrift des Bundesamtes für Veterinärwesen sind «Schläge mit einem harten Gegenstand (z.B. Stock, Peitsche oder Kette), zielloses Schlagen oder Treten grundsätzlich nicht angemessen». Schmerzen und schwere Angst führen bei Hunden zu Abwehr-, Meide- oder Fluchtreaktionen gegenüber Objekten und Menschen. Ein Hund wird aggressiv, wenn er bedrängt oder bedroht wird und nicht ausweichen kann.

Der Bläss umkreist Eindringlinge in seinem Revier gerne, so wie er es macht, wenn er seine Herde zusammenhält. Da heisst es für den Menschen: sich umdrehen, dem Hund die Vorderseite präsentieren und langsam weitergehen. Falls der Hund knurrt, die Zähne zeigt und die Nackenhaare stellt, ist er im Angriff. Dann kann man nur in Verteidigungsposition gehen und mit Rucksack und Stecken allfällige Bisse abwehren und sich so schnell wie möglich aus dem Staub machen.

Schnelle Bewegungen allerdings wecken im Hund den Jagd- und Spieltrieb. Man sollte deshalb nicht in schnellem Tempo an einem Hund vorbeirennen oder -fahren. Geschickt ist es, sich frühzeitig bemerkbar zu machen. Vielleicht verhindert dann der Hundehalter eine unangenehme Begegnung.

Der Bläss kläfft hinter der Stallecke hervor

Nächste Doppelseite: Winterliches Appenzeller Stillleben mit Bläss

168

Adressen

www.appenzeller-sennenhunde-club.com
Adressen der Klubfunktionäre auf der Homepage der SKG: www.hundeweb.com

Schweizer Tierschutz: www.schweizer-tierschutz-sts.ch

Zum Umgang mit Hunden. Informationen des Bundesamtes für Veterinärwesen. Bestell-Nr. 800.117.02(1) beim Bundesamt für Veterinärwesen, Postfach, 3003 Bern, oder herunterladen von Infovet, der Web-Site des Bundesamtes für Veterinärwesen: www.admin.ch/bvet...Tierschutz...Weisungen, Richtlinien, Kreisschreiben (deutsch, französisch, italienisch). Literaturhinweise.

Konrad-Lorenz-Kuratorium: www.iemt.ch

Bildnachweis

Appenzeller Verlag, Herisau: Seiten 179, 180, 181, 182, 183
Carigiet Renate, Grenchen: Seite 166
Flütsch Emerita, Castagnola: Seite 76
Gantenbein Hans Ulrich, Waldstatt: Umschlagbild und Seiten 9, 10/11, 13, 19, 20, 34, 35, 36, 37, 44, 48/49, 51, 62, 79, 81, 82/83, 94, 96, 97, 104, 114, 117, 118, 120, 122, 123, 124, 130, 131, 138, 139, 140/141, 142, 143, 144, 145, 148, 149, 152, 153, 154/155, 160/161, 163, 167, 171, 172/173, 175, 176, 177, 186, 189, 199, 200, 201, 202, 203, 205, 206/207
Günter Bernd, Gaggenau-Freiolsheim, D: Seite 65
Frauenknecht Christian R., Seite 201
Historisches Museum Herisau: Seite 41
Honegger Herbert, Dietikon: Seiten 95, 100
Klein Sandra und Lüscher Eva, Rüeggisberg: Seiten 59, 68/69, 84, 87, 88, 89, 92, 93, 99, 121, 125
Landesarchiv des Kantons Appenzell Innerrhoden: Seiten 25, 32, 187
Leu Ernst, Bubikon: Seite 73
Meier-Fritsche Doris, Kollbrunn: Seiten 3, 53, 58, 60/61, 63, 75, 119, 122, 132/133, 169, 201
Naturhistorisches Museum Bern: Seiten 16, 21, 23, 26, 28, 30, 31, 32, 40, 46, 55, 56, 116, 151
Seitz Franziska, Hedingen: Seiten 94, 101, 102, 112, 113
Staatsarchiv des Kantons Appenzell Ausserrhoden: Seiten 18, 47
Steiner Marcel, Schwellbrunn: Seiten 127, 128, 185
Steiner Yvonne, Schwellbrunn: Seiten 147, 168

Benutzte Quellen und Literatur

ALTHAUS, THOMAS und NUSSBAUMER, MARC: *Vom Torfhund zum heutigen Rasshund.* Naturhistorisches Museum Bern, 1980.

Amtsblatt des Kantons Appenzell Ausserrhoden (div.).

Appenzeller Sennenhunde auf Appenzeller Höfen, Merkblatt: Ein Projekt zur Förderung des reinrassigen Appenzeller Sennenhunds, lanciert von der Stiftung Pro Specie Rara mit Sitz in St. Gallen und dem Schweizerischen Club für Appenzeller Sennenhunde.

Appenzeller Tagblatt (27.8.1992).

Appenzeller Volksfreund (2.9.1987, 5.6.65).

Appenzeller Zeitung – 20.9.1999 Ralph A. Ottinger: Als Mist noch Gold wert war. Bericht über ein Referat von Stefan Sonderegger, Heiden.

Bläss – Offizielles Mitteilungsblatt des Schweizerischen Clubs für Appenzeller Sennenhunde, erscheint viermal jährlich.

BRACKERT, HELMUT; VAN KLEFFENS, CORA: *Von Hunden und Menschen. Geschichte einer Lebensgemeinschaft.* C. H. Beck, München, 1989.

Coop-Zeitung Nr. 34 – 25.8.1999.

DÄHLER, JOHANN BAPTIST: *Sagen.*

Der Appenzeller Sennenhund. Kleine Anweisung für einen grossen Freund. Herausgegeben vom Schweizerischen Club für Appenzeller Sennenhunde 1998.

Der Blindenführhund. Jahresbericht 1997. Stiftung Schweizerische Schule für Blindenführhunde. Ausgabe Nr. 43, Mai 1998.

Der Blindenführhund. Jahresbericht 1998. Stiftung Schweizerische Schule für Blindenführhunde. Ausgabe Nr. 45, Mai 1999.

Der Schweizer Sennenhund in Deutschland. Abstammung, Rassemerkmale, Charaktereigenschaften. Reinhardt Verlag, Basel, 1933.

FÄSSLER, WALTER (Hrsg.): *Der Appenzeller Sennenhund.* 2. erweiterte Auflage. Auszug aus der Inauguraldissertation von Dr. med. vet. Max Mäder. 1974.

GLÄTTLI, WALTER: *Kynologische Dokumente,* Band 1 und 2, ohne Jahrgang, einsehbar in der Bibliothek des Naturhistorischen Museums Bern.

GLÄTTLI, WALTER: *Unsere Hunde in der Vergangenheit. Die Entstehung der Kynologie um die Jahrhundertwende.* Im Selbstverlag, Thalwil, 1986.

GÖSS, THEODOR: *Monographie des Hunds oder Beschreibung seiner Zucht, Wartung und Pflege sämtlicher Raçen, derer Krankheiten und der Gebrauchsmittel dagegen so wie Bekanntmachung des ursprünglichen Vaterlandes und Gebrauches jeder Raçe.* Hennings und Hopf, Gotha, 1834.

Grossratsprotokolle Appenzell Innerrhoden, Landesarchiv Appenzell.

Handwörterbuch zur deutschen Rechtsgeschichte.

Hanhart, Rudolf: *Möbelmalerei. Sennenstreifen.* Informationsblätter im Appenzeller Volkskundemuseum in Stein AR.

Hanhart, Rudolf und Sonderegger, Stefan: *Appenzeller Bauernmalerei.* Appenzeller Verlag, 1998.

Heim, Albert: *Die Schweizer Sennenhunde.* Albert Müller's Verlag, Rüschlikon, 1914.

Heimatbuch für junge Appenzeller. Eine Sammlung heimatlicher Lesestoffe für Schule und Haus. Zusammengestellt von Walter Rotach, 1927.

Hofmann, Heini: *Die Tiere auf dem Schweizer Bauernhof,* AT Verlag, 1984.

Heinz-Mohr, Gerd: *Lexikon der Symbole. Bilder und Zeichen der christlichen Kunst.* Herder, Freiburg, Herder-Spektrum Band 4008.

Jahrbuch Hunde der SKG 1997, Zeitschrift für Haltung, Zucht und Sport.

Kobler, Bernhard: *Die schweizerischen Sennenhunde.* Artikel im Schweizerischen Hunde-Stamm-Buch 1927.

Mit einem Blindenführhund leben. Informationen über den Blindenführhund und Erfahrungsberichte von Sehbehinderten. Stiftung Schweizerische Schule für Blindenführhunde Allschwil, ohne Jahr.

Paschoud, J.-M.: *Die Schweizer Hunderassen, FCI-Standards.* Schweizerische Kynologische Gesellschaft SKG, Bern, 1994.

Räber, Hans: *Schweizer Sennenhunde.* Franckh-Kosmos, Stuttgart, 1995. Kosmos-Hundebibliothek.

Räber, Hans: *Enzyklopädie der Rassehunde.* Kosmos-Verlag.

Räber, Hans: in «*Hunde*» – *Haltung, Zucht, Sport.* Offizielles Organ der Schweizerischen Kynologischen Gesellschaft. 14. Februar 1986.

Schmutz, Ferdinand: *Mein Hund.* Was jeder Hundefreund von seinem vierbeinigen Kameraden wissen muss. Verlag Otto Walter, Olten. 1954.

Schweizerisches Idiotikon. Wörterbuch der schweizerdeutschen Sprache. Frauenfeld 1885, 1905.

Seiferle, Eugen: *Neue Hundekunde.* Einführung in die Biologie und Psychologie des Hunds als Wegweiser für Hundefreunde, Züchter, Ausstellungs-, Wesens- und Prüfungsrichter. Mit Angaben über die Eigenschaften, Kennzeichen und Verwendungsmöglichkeiten der wichtigsten Hunderassen. Zweite, stark erweiterte und verbesserte Auflage von «Kleine Hundekunde». Albert Müller Verlag, Rüschlikon, Zürich, Stuttgart, Wien, 1960.

SIGNER, JAKOB: Chronik der appenzell-innerrhodischen Liegenschaften in : *Appenzellische Geschichtsblätter vom Oktober 1940.*

SONDEREGGER, STEFAN: *Landwirtschaft im Appenzellerland um 1600.* Die Kuh, Grempler. Alpwirtschaft. Informationsblätter im Appenzeller Volkskundemuseum in Stein AR.

STAUB, VICTOR: Zeitschrift *«Der Hund – mein Freund»,* Juli/August 1990.

STREBEL, RICHARD: *Die Deutschen Hunde und ihre Abstammung mit Hinzuziehung und Besprechung sämtlicher Hunderassen.* 2 Bände. Elise Ertel Verlag, München. 1905.

TOBLER, ALFRED: *Der Appenzeller Witz.* Eine Studie aus dem Volksleben. Nachdruck Rorschach 1962.

VBM – Verein für Blindenhunde und Mobilitätshilfen, 4312 Magden. Broschüre: *Gemeinsam sehen,* diverse Ausgaben «VBM-Report», periodisch erscheinende Publikation des VBM.

VON TSCHUDI, FRIEDRICH: *Das Thierleben der Alpenwelt, 1853.*

WEISHAUPT, MATTHIAS: *«Viehveredlung» und «Rassenzucht».* Die Anfänge der appenzellischen Viehschauen im 19. Jahrhundert. In: Fuchs, Mäddel: *Appenzeller Viehschauen.* Typotron AG, St. Gallen, 1998.

Wörterbuch des deutschen Aberglaubens.

ZELLWEGER, JOHANN KASPAR: *Geschichte des Appenzellischen Volkes,* Trogen 1830.

Zentralblatt für Jagd- und Hunde-Liebhaber: 1896, 1897, 1898, 1901.

Yvonne Steiner

1955 in Zürich geboren und aufgewachsen. Ausbildung zur Sekundarlehrerin sprachlich-historischer Richtung, später Theologiestudium an der Universität Zürich. War in verschiedenen Bereichen publizistisch tätig. Arbeitet im Justizvollzug. Über lange Jahre Erfahrung in der Haltung eines Leonbergers und eines Berner Sennenhundes, lebt seit 1979 im Appenzellerland.

Appenzeller Hundegeschichten für Gross und Klein

Die Bilderbücher der Bauernmalerin Lilly Langenegger bestechen durch ihre detailgetreue Darstellung des ländlichen Lebens im Appenzellerland. Die heiteren und fröhlichen Bilder lassen sowohl den jungen als auch den älteren Betrachter immer wieder Neues entdecken. «Bläss und Zita» erzählt die Geschichte eines Appenzeller Sennenhundes.

Lilly Langenegger

Bläss und Zita

2. Auflage, 32 S., ill., geb.
ISBN 978-3-85882-251-2.
Fr. 29.80/€ 20.–

Lilly Langenegger

Blassy et Flicka

Französische Ausgabe
32 S., ISBN 978-3-85882-279-6.
Fr. 29.80/€ 20.–

Lilly Langenegger

Blaze the Farm Dog

Englische Ausgabe
32 S., ISBN 978-3-85882-252-9.
Fr. 29.80/€ 20.–